HANNO HELBLING

Der Mensch im Bild der Geschichte

ERFAHRUNG UND DENKEN
Schriften zur Förderung der Beziehungen zwischen Philosophie und Einzelwissenschaften

Band 30

Der Mensch
im Bild der Geschichte

Von

Dr. Hanno Helbling

DUNCKER & HUMBLOT / BERLIN

Alle Rechte vorbehalten
© 1969 Duncker & Humblot, Berlin 41
Gedruckt 1969 bei Alb. Sayffaerth, Berlin 61
Printed in Germany

Für Barbara Helbling-Gloor

Vorwort

Die vorliegende Arbeit stellt einen Beitrag zur Begründung der *Philosophischen Anthropologie auf wissenschaftlicher Grundlage* dar entsprechend dem Programm der Reihe ‚Erfahrung und Denken'. Grundlegende Wissenschaften, die sich mit dem Menschen von einem bestimmten Gesichtspunkt aus befassen, sind die Biologie, die Psychologie, die Sozialwissenschaften und die Geschichtswissenschaft. Für den vollständigen Ausbau der Philosophischen Anthropologie sind neben der philosophischen Reflexion die Erkenntnisse dieser Wissenschaften entsprechend der Fragestellung durch diejenigen anderer Wissenschaften zu ergänzen.

Eine solche Philosophische Anthropologie ist wohl nie ‚fertig', sie bleibt immer Ideal, dessen Realisierung auf der Grundlage der fortschreitenden wissenschaftlichen Forschung stets neu angestrebt werden muß, dafür aber liefert sie ein Bild des Menschen, das nicht der Spekulation und dem Wunschdenken entspringt, sondern größtmögliche Objektivität besitzt. Ein solches Menschenbild ist in praktischer Hinsicht auch notwendig zur optimalen Gestaltung der zwischenmenschlichen und zwischenstaatlichen Beziehungen, die heute mehr denn je eine Grundforderung der Zeit darstellt, wenn der Weiterbestand und die Weiterentwicklung der Menschheit als Ganzes nicht gefährdet werden sollen.

Kurt Schelldorfer

Inhalt

Einleitung 11
Gedächtnis 19
Identität 42
Schicksal 63
Nachsatz 84

Einleitung

In einer Reihe von Fragmenten, die früher unter dem Titel „Die ewige Wiederkunft" in der Nachlaßpublikation *Der Wille zur Macht* vereinigt waren, spricht *Nietzsche* von der Weltbewegung, die ohne Ziel sein müsse. „Hätte die Welt ein Ziel, so müßte es erreicht sein." „Die Tatsache des ‚Geistes' *als eines Werdens* beweist, daß die Welt kein Ziel, keinen Endzustand hat und des Seins unfähig ist." „Das Werden soll erklärt werden, *ohne* zu solchen finalen Absichten Zuflucht zu nehmen ...; es darf absolut nicht das Gegenwärtige um eines Zukünftigen wegen oder das Vergangene um des Gegenwärtigen willen gerechtfertigt werden." „‚Veränderung' gehört ins Wesen hinein, also auch die Zeitlichkeit ..." „Das Werden ist *kein Scheinzustand:* vielleicht ist die *seiende* Welt ein Schein."

Die Sätze haben mit *Nietzsches* Nihilismus zu tun. Indem er von der „alten Gewohnheit" spricht, „bei allem Geschehen an Ziele und bei der Welt an einen lenkenden schöpferischen Gott zu denken", erinnert er an sein bekanntes Wort „Gott ist tot". Indem er die Welt als des Seins (des unveränderlichen Bestehens) unfähig bezeichnet, läßt er an seine Konzeption des Seins als eines Wertes denken. Der Welt ist versagt, in einen Ruhezustand zu gelangen, und es fehlt ihr auch „das Vermögen zur ewigen Neuheit". „Der Satz vom Bestehen der Energie fordert die *ewige Wiederkehr*[1]."

In *Also sprach Zarathustra* heißt ein Kapitel des dritten Teils „Die Heimkehr". Die Heimat, in die Zarathustra zurückkehrt, ist die Einsamkeit. („Du meine *Heimat* Einsamkeit!"). Er sagt von ihr: „Hier springen mir alles Seins Worte und Wortschreine auf: alles Sein will hier Wort werden, alles Werden will hier von mir reden lernen." In dem Kapitel „Von der Erlösung" im zweiten Teil des *Zarathustra* steht das Wort „einsam" in einem andern Zusammenhang. Es ist hier die Rede von „des Willens einsamster Trübsal". Der Wille — „der Befreier und Freudebringer" erfährt einen Widerstand: das „Es war". „Daß die Zeit

---

[1] *Friedrich Nietzsche*, Werke, hrsg. v. *Karl Schlechta*, Bd. 3, München 1956, S. 458 f., S. 684, S. 446, S. 861.

nicht zurückläuft, das ist sein Ingrimm; ‚Das, was war' — so heißt der Stein, den er nicht wälzen kann².“

Wenn Zarathustra davon redet, daß in seiner Heimat Einsamkeit das Sein Wort werden und das Werden von ihm, Zarathustra, reden lernen wolle, so wird man an das denken, was bei Zarathustra vorab zu lernen ist: die ewige Wiederkehr. In dem Kapitel „Der Genesende" im dritten Teil des *Zarathustra* sagen die Tiere es dem Meister auf den Kopf zu: „... *du bist der Lehrer der ewigen Wiederkunft*...", und zuvor schon haben sie aus Zarathustras Kampf um seine Lehre „ein Leierlied" gemacht: „Alles geht, alles kommt zurück; ewig rollt das Rad des Seins ... ewig baut sich das gleiche Haus des Seins ... ewig bleibt sich treu der Ring des Seins³." Die ewige Wiederkehr, die das Werden von Zarathustra lernt, ist in reicher Abwandlung mit dem Wesen des Seins verknüpft. In *Der Wille zur Macht* steht: „Daß *Alles* wiederkehrt, ist die extremste *Annäherung einer Welt des Werdens an die des Seins:* — *Gipfel der Betrachtung*⁴."

Den Ort, an dem das, was *Nietzsche* Werden, und das, was er Sein nennt, in Eines münden, redet Zarathustra an als seine Heimat Einsamkeit. In ihr ist dem „Es war" sein Stachel offenbar genommen. In dem Kapitel „Von der großen Sehnsucht", das dem Kapitel „Der Genesende" folgt, spricht Zarathustra: „O meine Seele, ich lehrte dich ‚Heute' sagen wie ‚Einst' und ‚Ehemals' ... ich gab dir die Freiheit zurück über Erschaffnes und Unerschaffnes: und wer kennt, wie du sie kennst, die Wollust des Zukünftigen⁵?" Sein und Werden finden einander in jener Einsamkeit, wo die ewige Wiederkehr waltet. Sie ist im Kapitel „Die Heimkehr" verglichen mit der Verlassenheit. Verlassen war Zarathustra unter den Vielen: „Alles bei ihnen redet, alles wird zerredet." Diese Verlassenheit ist es, worin der Wille auf das „Es war" trifft, wo Zarathustras Auge vom Jetzt zum Ehemals flüchtet: „es findet immer das Gleiche ... Das Jetzt und das Ehemals auf Erden ... das ist *mein* Unerträglichstes; und ich wüßte nicht zu leben, wenn ich nicht noch ein Seher wäre, dessen, was kommen muß."

Aus dem trostlosen Bereich der redenden Gegenwart, der zerredeten Vergangenheit rettet der tröstende dritte, zukünftige Bezug. Die Zukunft heilt, weil sie aus „Bruchstücken und Gliedmaßen" ein heiles Ganzes

---

² Ebd. Bd. 2, 1955, S. 432 f., S. 394.
³ Ebd. S. 466, S. 463.
⁴ Bd. 3, S. 895.
⁵ Bd. 2, S. 467.

werden läßt. „Ich wandle unter Menschen als den Bruchstücken der Zukunft: jener Zukunft, die ich schaue⁶." In der Einsamkeit dessen, der die Zukunft schaut, ist Zarathustra der Genesende, der seiner Seele die Freiheit über Erschaffnes und Unerschaffnes zurückgibt.

Wenn *Nietzsche* das Sein und das Werden zueinanderfinden läßt, so mutet er weder dem einen noch dem anderen eine Entfremdung vom eigenen Wesen zu, sondern er sieht sie erst in der Vereinigung zu dem eigensten Wesen gelangen. Der Wille, der „zurückwill", ist auf ein Sein gerichtet, das noch nicht von einem Werden getrennt ist. Dieses Sein ist als das eigentliche Sein gedacht. Als das Sein, das noch nicht bloßer „Scheinzustand" ist, das sich den Wirklichkeitsanspruch noch nicht von einem Werden hat nehmen lassen und das noch nicht zu einem Wert geworden ist. Das „Zurückwollen" bezieht sich auf ein Ganzes. Die Ganzheit ist gekennzeichnet durch die Versammlung der zeitlichen Bezüge (Heute, Einst, Ehemals) und dadurch, daß das Werden und das Sein sich miteinander, ineinander erfüllen. In dieser Ganzheit liegt das Ziel des Denkens, das letzte Erreichbare. Zugleich ist es als ein Ursprüngliches gedacht.

Aus dem festen Bestand des Ununterschiedenen lösen sich „Werden" und „Sein", das zweite nur ein Trugbild der (verlorenen) Unwandelbarkeit, das erste, im Zeichen des Wandels stehend, der Struktur des Daseins gemäßer. Diese Struktur wird als ergänzungsbedürftig erfahren, als wesentlich unvollständig, unabgerundet. Solche Erfahrung kennen wir als Erfahrung der Zeitlichkeit. Ausgesetzt in die Zeitlichkeit, wollen wir „zurück" ins Ganze und Ungeteilte; die Zeitlichkeit ist uns ein Feindliches. Das hat nichts zu tun mit einem „Zeiterlebnis", mit der Furcht vor dem Vergehen, mit dem Wunsch, die Uhren alle stehn zu lassen. Dieses Erlebnis würde niemals weiterführen als zu der trügerischen Verfestigung eines Seins, das einen Ewigkeits-Wert darstellte und den Zerfall des Ganzen in der Zeitlichkeit nur bestätigen könnte. Die Heilung, das Zurückbergen in jenes Sein, mit dem das Werden eins ist, kann nur in der Zeitlichkeit und durch sie geschehen. Das Geschehen der Heilung, des Zurückbergens, nennen wir die Geschichte.

Nun gehört zu dem Ganzen und Heilen auch das „Es war". Das „Es war" ist der Stein, den der Wille nicht wälzen kann. Wir bewältigen die Vergangenheit nur, indem wir sie im Zusammenhang der Geschichte sehen. Wer der Historie die Universalität predigt, der sucht die Verbin-

---

⁶ Ebd. S. 394.

dung von Vergangenheitpartikeln mit anderen ihresgleichen, mit Gegenwart-, Zukunftpartikeln; die Historie wird ihm zur lebendigen Einheit, zum Organismus ... Aber wer die Einheit sucht, von der her die Historie als ein Entfremdetes zu sehen ist, der wird die Entfremdung nicht dadurch vollkommen machen, daß er sie auf alles Zeitliche ausdehnt, um sich dann in ihrer Weite zu ergehen; sondern er sucht den Rückweg: den Weg der Geschichte. Die Historie, das Gegenüber zur Vergangenheit, ist der Ort, wo der Rückweg ihm an der Zeit scheint.

Ein Fragment *Friedrich Schlegels* lautet: „Der Historiker ist ein rückwärts gekehrter Prophet[7]." Gemeint ist, daß der Blick in die Vergangenheit zugleich in die Zukunft schaut. Die Historie präsentiert sich nicht nur als Vergangenheit, sondern stets als ein Ganzes und stellt eine Spannung aus dem Vergangenen ins Zukünftige dar, in die der (gegenwärtige) Betrachter mithineingezogen ist. Die Gestalt des rückwärtsgekehrten Propheten gehört einer Grundvorstellung im christlichen Geschichtsdenken an. Die joachitische Theorie von der Übereinstimmung des Alten und des Neuen Testaments, die Annahme eines zukünftigen Buches auf dritter, höchster Stufe, die Lehre von der Anwendung der historischen Analogien weisen über sechs Jahrhunderte auf ein *Novalis*-Wort: „Wer hat die Bibel für geschlossen erklärt? Sollte die Bibel nicht noch im Wachsen begriffen sein[8]?" Religiösen Charakter hat die Geschichtsauffassung des jungen *Schlegel* gleichfalls. Er sagt in einem Fragment: „Der revolutionäre Wunsch, das Reich Gottes zu realisieren, ist der elastische Punkt der progressiven Bildung, und der Anfang der modernen Geschichte. Was in gar keiner Beziehung aufs Reich Gottes steht, ist in ihr nur Nebensache[9]."

Bei *Novalis* finden sich zahlreiche Hinweise auf den seither nachhaltig banalisierten Gedanken, daß die Menschen „in der ganzen Vergangenheit und Zukunft und nirgends weniger als in der Gegenwart" leben[10]. Es ist mit solchen Aussagen keine Kritik an einem mangelhaften Aktualitätbezug beabsichtigt, so wenig wie mit Schlegels Satz vom rückwärts gekehrten Propheten. Was gemeint ist, deutet ein Fragment an: „Die *Geschichte erzeugt sich* [nicht] *selbst*. Erst durch Verknüpfung der Vergangenheit und Zukunft entsteht sie." Und: „Die Menschen gehen viel zu nachlässig mit ihren Erinnerungen um[11]."

---

[7] Kritische *Friedrich Schlegel*-Ausgabe, Bd. 2, hrsg. v. *Hans Eichner*, Paderborn 1967, S. 176.
[8] *Novalis*, Schriften, hrsg. v. *Paul Kluckhohn*, Bd. 3, Leipzig o. J., S. 321.
[9] *Schlegel*, a.a.O., S. 201.
[10] *Novalis*, a.a.O., S. 342, vgl. S. 299.
[11] Ebd. S. 315.

Der Mensch begegnet, nach *Novalis,* in der Vergangenheit nicht einem Fremden; auch nicht einem in die Beziehungslosigkeit Gerückten, das man erst wieder „zum Leben erwecken" müßte — stolze Formel der Historiographie. Bei ihm, auch bei *Schlegel,* ist die Vergangenheit der Ort, von dem das Selbstverständnis auszugehen hat. Nur auszugehen freilich: die Betrachtung führt über sie hinaus; Gegenwart und Zukunft sind ohne sie nicht zu erklären, aber auch nicht aus ihr. Der Mensch erkennt sich in der Vergangenheit, in seinen Erinnerungen, die weltgeschichtliches Ausmaß haben können: das heißt nicht, daß er ein Produkt früherer Umstände ist. In diesem Sinn scheint der historische Zusammenhang der Kausalität entzogen. Allein, er enthält eine Kausalität umfassenderer und subtilerer Art, die besagt: Der Mensch ist, der er ist, weil er geschichtlich ist. Mit andern Worten, es sind keine geschichtlichen Ursachen gesucht, aber das Geschichtliche ist die Ursache.

Novalis sieht die Weltgeschichte als eine erweiterte Lebensgeschichte, reichere Gefühlsspiegelungen eines Werdeprozesses: als Erlebnis. Die von *Meinecke* aus *Leibnizens* Monadenlehre, aus *Shaftesburys* Platonismus gewonnene Individualität-Konzeption erhält ihren geschichtlich-zeitlichen Charakter gleichfalls im Erlebnis: so sehr, daß sich die Beschreibung des so entstandenen Historismus in einer *Goethe*-Studie verliert. Der Gedanke der Rückkehr — „Immer nach Hause"[12] — gehört dem Erlebnis an: er hat in der Romantik das Vorzeichen der Sehnsucht. — Das Erlebnis wirkt stiftend, in doppeltem Sinn. Es ermöglicht Übertragung, Vergleich, verleitet oft zur Anwendung sachfremder Begriffe auf den historischen Stoff: etwa in der Suche nach dem Organischen in der Geschichte. Zur Hauptfrage wird dann, ob und wie Geschichte überhaupt erlebt werden kann.

Im zehnten Gesang von *Dantes Inferno* stellt der Besucher fest, daß die Abgeschiedenen, denen er begegnet, sich des Vergangenen entsinnen und Kenntnis von der Zukunft haben, über gegenwärtige Vorgänge aber nicht unterrichtet sind[13]. Eine eigentümliche Weit- und Halbsichtigkeit ist den Verdammten eigen. Farinata erklärt sie dem Frager; seine Worte finden ihr Gegenstück in dem, was im *Paradiso* Cacciaguida spricht. Auch er vermag das Zukünftige zu wissen, und dies mit der selben Sicherheit, wie man auf Erden weiß, daß ein Dreieck nicht zwei stumpfe

---

[12] *Novalis, Heinrich von Ofterdingen;* Schriften, Bd. 1, hrsg. v. *Paul Kluckhohn* u. *Richard Samuel,* Stuttgart 1960, S. 325.
[13] Vgl. dazu *Hanno Helbling, Saeculum Humanum;* Istituto Italiano per gli studi storici, 11, Neapel 1958, S. 111 f.

Winkel hat. (Mit dem geometrischen Gleichnis könnte auf den notwendigen Wechselbezug von Vergangenheit, Gegenwart, Zukunft angespielt sein.) Der Selige erkennt die Dinge, die da sein können, indem er — ganz im Sinn des *Thomas von Aquin* — teilhat am *tota simul* der Ewigkeit Gottes (*... cuius aeternitati sunt omnia praesentia*[14]). Die Gegenwart, die den Verdammten die verhängnisvolle Lücke ist, wird hier zum Sammelpunkt. Das Eine, Heile ist so wahrgenommen, dessen Zeichen das Zueinanderfinden der Zeitbezüge ist. Dieses Heile ist aber nicht auf der Ebene eines höchsten Seins gedacht — das als anfänglichste Emanation der Gottheit keinem Unheil ausgesetzt sein kann. Um das Sein und seine Einheit, die uns immer schon in die Zweiheit von Werden und trügerischem Sein zerfallen ist, geht es erst nach der Formel „Gott ist tot". Das Heile, das hier gemeint ist, gehört dem Bereich der Person an. Sie ist es, die in tieferem Gnadenstand nur einen Teil, im Stand der Seligkeit aber das Ganze zu sehen vermag. Der Mensch ist es, der durch göttliche Hilfe zum Heil, zu seiner ihm in der Gnade gewährten Heilung gelangt.

Aus solchem Blickwinkel könnte es möglich sein, den Zusammenhang „Weltgeschichte und Heilsgeschichte" zu erkennen. Nicht zunächst im Sinn einer Eschatologie, sondern in dem Sinn, daß die Heilserfahrung den Menschen instand setzt, an der Weltgeschichte echt beteiligt zu sein, nämlich ganz in sie verstrebt, im Einklang und Einverständnis mit ihr. Das Einverständnis meint letztlich Vereinigung mit der Gottheit. Und nun dient die Eschatologie als Brücke im Gedankengang. Die Bemühung oder die Hoffnung, die Spanne zwischen Menschlichem und Göttlichem durch ein Geschehen erfüllt und aufgehoben zu sehen, ist in ihrer ersten Form persönlicher Art, sucht den Vollzug in einer Begegnung, die aus der Gnade und zum Heil des Einzelnen stattfinden muß. Indem er aber die gesuchte Nähe zur Gottheit, ja, das Eins mit ihr erreicht, tritt er — und nur so gelingt es ihm — in die Dimension der Geschichte, und das bedeutet: er erfährt die Geschichte als eschatologisch, als den Weg zur Aufhebung im göttlichen Eins. Denn das Ziel, das letzte, kann nur eines sein.

Entsprechung wie Trennung zwischen der Lehre *Nietzsche*-Zarathustras und einem christlich-romantischen Denken sind deutlich. Zwischen der Erfahrung des Daseins und dem Erlebnis der Person zu unterscheiden, ist nicht weiter schwierig; nur was je von ihnen ausgeht, droht bisweilen zu verfließen. Wörter wie „Sehnsucht", wie „Zurück" sind in

---

[14] *Thomas von Aquin*, Summa Theologiae, II^a II^{ae}, q. 172, a. 1.

beiden Bereichen unentbehrliche Namen, stammen aber für den Sprachgebrauch gefährlich offenbar aus dem einen, romantisch-persönlichen. Der Unterschied liegt unter anderem darin, daß die Konzeption einer „Geschichtsphilosophie" im ersten Sinn zu einer sehr knappen, strengen Formel führt, sich der Anwendung versagt und nur mit einer gewissen Anstrengung davor behütet werden kann, auf einem oder dem anderen Weg in das Gerede hinabzuführen, das Zarathustra scheut und als Unerlöster verachten muß: denn es sucht nicht das Heile in ursprünglicher Versammlung, sondern das Heil. Die „Geschichtsphilosophie" aber, die *solcher* Suche entspringt, wächst nicht ins Hohe und Enge, sondern in die Breite. Sie umfaßt von der religiös durchleuchteten Vision des gesamten Menschenschicksals bis zum platten Zurechtlegen des historischen Stoffes ein Meer von untrennlich ineinandergreifenden Vorstellungen.

Dante selbst hat seine Theorie der wiedergewonnenen ganzen Zeit mit dem Bild des irdischen Paradieses verbunden und diesem Bild andeutungsweise einen historischen Platz zugewiesen. Der zweimal — durch Adam und durch Konstantin — in Sünde verscherzte Idealzustand ist ihm als wiederherstellbar erschienen in der Erneuerung des Reiches. Politische Philosophie, mit einer Daseinsanalyse schwer zu verknüpfen, von wesentlicher Betrachtung der Weltgeschichte aber kaum zu lösen, ist eine Hauptbahn seines Denkens. Denn dieses Denken, wie alles metaphysisch ausgerichtete Geschichtsdenken, führt zu dem, worüber *Nietzsches* Zarathustra hinauswill: zum Wert. „Geschichtsphilosophie" in diesem zweiten Sinn ist, wo sie Sinn hat, eine Ethik.

„Was bildet den Menschen als seine Lebensgeschichte? Und so bildet den großartigen Menschen nichts als die Weltgeschichte[15]." Dieser großartige Mensch ist nicht *Nietzsches* Übermensch. Sein Weg ist nicht der Weg des Willens; ihm ist das „Es war" nicht ein Stein, den es zu wälzen gälte. Zwar auch in ihm entzündet sich die Sehnsucht an der Vergangenheit. Auch ihm stellt sich die Heimkehr dar; aber nicht die Heimkehr zur Einsamkeit dessen, der die Zukunft schaut und die Heilung der Zeit in ihr findet, sondern die Heimkehr zur Gemeinschaft derer, die zwischen Vergangenheit und Zukunft die Gegenwart zu finden haben als Feld ihres Wirkens. „Wir wollen ein Volk werden[16]."

Die Sätze *Hardenbergs* und *Schlegels* erweisen sich als Forderungen, auf gemeinschaftliches Wirken im Sinn der sich selbst vollendenden Ge-

---

[15] *Novalis*, Schriften, a.a.O. (hrsg. v. *Paul Kluckhohn*), Bd. 3, S. 299.
[16] *Novalis*, Schriften, Bd. 2, hrsg. v. *Richard Samuel*, Stuttgart 1965, S. 433.

schichte zielend. Gefordert ist ein geschichtsbewußtes Christentum, ein christliches Geschichtsbewußtsein. Doch mit der Wertsetzung ist der Wertkonflikt mitgegeben. Das Universale wird zum großen Problem, denn von dem selben religiösen Grund her wird es gefordert und auch versagt. Die Vision, die der Zeit in den Zeiten ansichtig wird, schlägt sich in Periodisierung nieder, in der Herstellung von Grenzen, durch die sie sich selbst verleugnet. Dem Widerspruch entwindet sich allein, wer die Frage zurückverlegt von der Struktur der Geschichte auf die Struktur der Existenz. Und der Historiker, der rückwärts gekehrte Prophet, erkennt die historische Ordnung als Muster, dem die Figur seines Lebens verwoben ist; als das Zuhause, das ihn birgt mit der Bewegung eines sinnbildhaft gespiegelten Zurück.

Gedächtnis

I.

Sicherlich besteht ein Zusammenhang zwischen Geschichte und Gedächtnis. Offenbar ist die menschliche Existenz der eigentliche Ort solchen Zusammenhangs. Nicht etwa deshalb, weil nur der Mensch ein Gedächtnis hätte; das ist nicht der Fall. Und ebensowenig deshalb, weil nur die menschliche Existenz geschichtlich, im Sinn von Entwicklung und Individualisierung, sein könnte; das ist auch nicht der Fall. Nun entwirft zwar *Nietzsche* zu Beginn des ersten Teils seiner „unzeitgemäßen Betrachtung" *Vom Nutzen und Nachteil der Historie für das Leben* das Bild der tierischen als einer unhistorischen, weil durchaus erinnerungslosen Verfassung, für die sich kein Augenblick mit dem andern verbindet, eine Lebenskontinuität sich nicht herstellt[1]. Die Biologie, die Verhaltensforschung hat in den letzten Jahrzehnten und Jahren dieses Kontrastbild, diese Folie zum menschlichen Dasein in Frage gestellt[2]. Allenfalls ließe sich heute die Rückzugsposition noch behaupten, welche festhielte, daß dem Tier kein ausdrückliches Erkennen des Zeitablaufs, kein bewußtes Leben zum Tode hin möglich oder auferlegt sei. Nur, wem ist es geheuer bei einem solchen Verdikt, das morgen oder in zwanzig Jahren durch irgendwelche Beobachtungen seinerseits wieder erschüttert und nur mit neuen Einschränkungen für eine weitere Frist gerettet werden kann? Lieber suchen wir nach anderen Hinweisen, um die Vermutung zu stützen, daß sich Geschichte und Gedächtnis wesensmäßig in der menschlichen Existenz begegnen.

Ein einfaches Beispiel. Wenn ich berichte, daß ich am 22. November 1963 gegen 10 Uhr abends mit einer Bekannten die Piazza Argentina in Rom überquerte, nachdem wir im Restaurant Archimede gegessen hatten, so wird daran nichts weiter auffallen als höchstens die Tatsache, daß ich

---

[1] *Nietzsche*, a.a.O., Bd. 1, 1954, S. 211. Vgl. auch *Oswald Spengler, Urfragen*, München 1965, S. 104 ff.

[2] Vgl. auch *Helmuth Plessner, Die Stufen des Organischen und der Mensch*, 2. Aufl., Berlin 1965, S. 277 ff.

mich dieses Umstands so genau noch entsinne. Und wer überhaupt geneigt ist, meine Aussage zu überdenken, wird zu dem Schluß gelangen, etwas, das ich noch nicht berichtet habe, helfe hier meinem Gedächtnis nach. Viel verständlicher wird darum meine Mitteilung, wenn sie besagt, ich sei nach einem Abendessen im Restaurant Archimede mit einer Bekannten über die Piazza Argentina gegangen, als sich in Rom die Nachricht von der Ermordung des Präsidenten Kennedy ausbreitete. — Was entnehmen wir nun diesem Beispiel?

Zunächst, daß unser Gedächtnis unterscheidet; dann, daß es verbindet. Das sind — vorläufig — psychologische Sachverhalte, die wir nur streifen müssen. Einerseits hält das Gedächtnis „wichtige" Dinge fest, wobei die Wichtigkeit sich bei verschiedenen Menschen nach verschiedenen Mischungen aus subjektiven und objektiven Kategorien bestimmen wird, und bewahrt unwichtige Dinge nicht oder nicht lange — es sei denn um ihres (im Bewußtsein oder im Unterbewußtsein angelegten) Zusammenhanges mit „Hauptsachen" willen. Denn anderseits hält das Gedächtnis die „Hauptsachen" nicht ganz isoliert fest, sondern bewahrt mit ihnen (oder selbst statt ihrer) eine Art Hülle aus Zeit- und Begleitumständen, die es an und für sich nicht aufgenommen oder bald wieder abgestoßen hätte. So daß ich also den Abend, den ich in Rom mit einer Bekannten verbrachte, wegen der Koinzidenz mit der Ermordung Kennedys nicht nur genau datieren kann, was mir sonst nicht mehr möglich wäre, sondern mir auch viel detaillierter vergegenwärtige, als ich es sonst nach fünf Jahren noch könnte. Aber hinter dieser psychologischen Erscheinung steht viel mehr.

Es steht, oder eher es vollzieht sich, leicht sichtbar, ein Zusammenspiel von individuellem und kollektivem Gedächtnis. Auch dieses Zusammenspiel mag sich vordergründig einer psychologischen Ausdeutung anbieten. Jedenfalls öffnet es eine lange Skala, deren Extreme bei dem Gedächtnis eines übertrieben in sich gekehrten Menschen einerseits, bei dem Erinnerungsvermögen einer selbstvergessen auf die Außenwelt eingestellten Person anderseits liegen. In hohem Maß introvertiert müßte es anmuten, wenn ich mir die Ermordung eines amerikanischen Präsidenten nur deshalb gemerkt hätte, weil sie mir an dem Abend bekannt wurde, als ich mit einer Bekannten nach dem Essen über die Piazza Argentina spazierte. Auffällig wird man umgekehrt finden, daß der neunzigjährige Historiker *Ranke* einen Lebensabriß mit den Worten begann: „Ich bin in dem Jahre geboren, in welchem der Friede von Basel geschlossen worden ist" — als könnte allein eine weltgeschichtliche Wende (nach seinen

Maßstäben) das weit zurückliegende Datum seiner Geburt der Erinnerung sichern[3].

Indessen kann es auf solche Ausschläge nach der privaten und nach der gemeinschaftlichen Seite im tiefern nicht ankommen. Was uns beschäftigen muß, ist die Tatsache, daß das Gedächtnis — wenn wir ihm eine eigene Aktivität einmal zuschreiben wollen — unser Leben, mehr oder weniger eng, mit dem Leben der Andern verknüpft. Es bedarf kaum des Nachweises, daß der Verlust des Gedächtnisses eine Person weit gründlicher isolieren müßte als der Verlust der Sehkraft oder des Gehörs, und zwar unabhängig davon, ob ihr Gedächtnis eher aus der Privatsphäre oder aus überindividuellen Bezügen lebt, mehr autobiographisch oder mehr historisch geartet ist. Die Identität der Person mag, psychologisch oder typologisch gesehen, wesentlich in sich selber ruhen oder im Mitmenschlichen konstituiert sein, ohne Gedächtnis verliert sie sich, denn das Gedächtnis besteht nicht in seinen jeweiligen Ausprägungen, sondern es ist in jeder und unabhängig von jeder Prägung ein Strukturelement der menschlichen Existenz.

Wenn wir so in einem fort „Gedächtnis" sagen, fassen wir dann auch das ganze Phänomen? Wir fassen das Vermögen des Menschen — und sicherlich auch des Tieres —, sich zu erinnern, Erfahrenes noch zu wissen, verfügbar zu halten. Da uns das Gedächtnis als ein Vermögen gilt, können wir es nach Graden bemessen, können von gutem und schlechtem Gedächtnis sprechen, können seine Richtung oder seine Technik umschreiben, indem wir von musikalischem und von Farben- und Zahlengedächtnis oder von visuellem und akustischem Gedächtnis reden. Und weil wir das Gedächtnis für ein Vermögen halten, kennen wir auch das Unvermögen, das ihm entspricht: das Vergessen. Zwar haben wir von der Psychologie gelernt, daß im Vergessen nicht nur ein Fehlen geistiger Kraft, sondern auch eine andersartige Kraft wirken kann, und so wissen wir einiges von der „Fähigkeit, zu vergessen", und haben wohl selbst die „Wohltat des Vergessens" an andern beobachtet, an uns selber verspürt.

Scheint nicht *Nietzsche* solches im Auge zu haben, wenn er in der genannten „unzeitgemäßen Betrachtung" sagt, es sei „immer eins, wodurch Glück zum Glücke wird: das Vergessenkönnen", und weiter, es sei „ganz und gar unmöglich, ohne Vergessen überhaupt zu *leben*"[4]? Kommt es

---

[3] *Leopold von Ranke*, Sämtliche Werke, Bd. 53/54, Leipzig 1890, S. 56.
[4] *Nietzsche*, a.a.O., Bd. 1, S. 213.

ihm hier nicht gerade darauf an, zu zeigen, daß wir im Vergessen nicht bloß ein Versagen des Erinnerungsvermögens sehen sollen, sondern eine heilsame, ja eine lebensnotwendige Vorkehrung, eine Schutzmaßnahme der Seele? Man versteht *Nietzsche* nicht falsch, wenn man ihn so versteht. Seine „unzeitgemäße Betrachtung" setzt sich mit einem „verzehrenden historischen Fieber", wie er es nennt, auseinander; also mit einem pathologischen Tatbestand, den er warnend umschreibt in den Worten: *„... es gibt einen Grad von Schlaflosigkeit, von Wiederkäuen, von historischem Sinne, bei dem das Lebendige zu Schaden kommt und zuletzt zugrunde geht, es sei nun ein Mensch oder ein Volk oder eine Kultur*[5]*."* Unzeitgemäße, das heißt gegen eine Zeitströmung gerichtete Worte, die den Nachteil der Historie für das Leben hervorheben sollen, die Gefahr nämlich, daß sich die Gegenwart durch den ständigen Rückbezug auf Vergangenes um die eigene Möglichkeit zur Entfaltung bringe, nicht mehr aus sich heraus Zukunft schaffe.

Nun ist jedoch die Zeit, in der die Geisteswissenschaften und die dominierenden Formen höherer Bildung einseitig historisch orientiert waren, längst vorüber. Erschöpfte sich *Nietzsches* Betrachtung in der Polemik gegen ein Übermaß an historischem Sinn, sie würde sich unterdessen das Beiwort „unzeitgemäß" in der Tat verdient haben. Wenn aber *Nietzsche* empfahl, das Erinnern in seiner beengenden, das Vergessen in seiner befreienden Funktion zu begreifen, so entwarf er damit nicht freihändig ein Rezept zur Erhaltung des psychischen Gleichgewichts, sondern er setzte bei Grundbedingungen an. Daß der Mensch sich erinnert und daß er vergißt, darin erst ist die Möglichkeit, daß er historischen Sinn entwickle und wiederum abbaue, angelegt. Sofern es *Nietzsche* um die Therapie einer Zeitkrankheit ging, versäumte er jedenfalls nicht, das Übel wie auch die Heilung von den Wurzeln her anzufassen. Und indem er seine Betrachtung über Nutzen und Nachteil der Historie für das Leben auf einen menschlichen Wesenszug hin vertiefte, sicherte er über den zeitgemäß-unzeitgemäßen Anlaß hinaus der weitern Erörterung einen Ausgangspunkt.

Der Mensch erinnert sich — woran eigentlich? und was vergißt er? Da wir hier das Verhältnis zwischen Gedächtnis und Geschichte im Auge haben, sind wir geneigt, zu antworten: er vergißt das Gewesene, er erinnert sich an Vergangenes. Aber ob wir mit dieser Antwort eine sinnvolle Auswahl treffen, muß sich noch zeigen. Zunächst weiß der Sprachgebrauch mehr und anderes. Ihm zufolge erinnern wir uns an Gegen-

---

[5] Ebd.

wärtiges und Zukünftiges ebensowohl wie an Vergangenes. Wir erinnern uns, daß man zur Zeit eine Ausstellung sehen kann oder daß nächstens eine eröffnet wird; beides können wir auch vergessen haben. Wie steht es damit? Es verhält sich doch schwerlich so, daß wir uns nur daran erinnerten oder nicht mehr erinnerten, daß man uns vordem gesagt hat, die Ausstellung sei zu sehen oder würde eröffnet; damit würden wir uns zwar wirklich bloß an ein Vergangenes, aber doch nicht an das erinnern, worauf es ankommt; tatsächlich können wir uns sehr wohl an die gegenwärtig oder künftig zu besuchende Ausstellung erinnern, aber vergessen haben, durch wen, wann und wo wir von ihr gehört haben. — Ein weniger banales Beispiel: wir werden gemahnt, unser Sterben nicht zu vergessen, *memento mori*, wir sollen des Todes gedenken, der uns erst bevorsteht.

Aber der Sprachgebrauch könnte zu weit sein. Woran „erinnert" man sich so schließlich nicht? Immerhin wäre es ohne Sinn und Verstand, wenn ich sagte, ich erinnerte mich, daß ich ich sei, ein Mann, verheiratet; man würde es merkwürdig finden, wenn ich sagte, ich erinnerte mich genau, drei Kinder zu haben; würde man es merkwürdig finden, wenn ich sagte, ich erinnerte mich genau, daß das jüngste am 5. September geboren sei? Wenn man es merkwürdig findet, sagt man nach dem Sprachgebrauch: so etwas weiß man doch; findet man es nicht merkwürdig, sagt man: das kann einer schließlich vergessen. Der Sprachgebrauch gibt uns also doch eine Grenze an. Sie umschließt einen festen Bestand von Erkenntnis, Erfahrung, von sicherem Wissen, einen Komplex aus Selbstverständlichkeit, aus dem ein psychisch gesunder Mensch nichts verliert, nichts vergißt; was außerhalb dieser Grenze liegt, kann er vergessen; und was er vergessen kann, daran kann er sich auch erinnern. — Wir finden, was verlierbar ist. Das Gedächtnis hält, was ihm entfallen kann. Wir erinnern uns nicht allein an Vergangenes; aber an das Vergängliche.

Was heißt nun vergänglich? Wir sind selbst vergänglich, doch vergessen können wir uns nicht und also auch nicht uns an uns erinnern. Wir gehören doch je selbst zu dem Bestand von sicherem Wissen, zu dem Komplex aus Selbstverständlichkeit, der für uns unverlierbar, unvergeßbar ist. Bleibt aber die Frage: Ist unser Wissen des Selbstverständlichen auch ganz sicher, solange sich ihm die Erkenntnis anderer, weniger selbstverständlicher Dinge nicht beimischt? Fassen wir das Unverlierbare, das wir zunächst uns selbst sind, richtig, wenn wir nicht mit ihm noch anderes, Verlierbar-Erinnertes fassen? Wüßten wir einzig, was wir womöglich noch ohne Gedächtnis wüßten: daß wir *sind* — wüßten wir dann auch nur, daß wir vergänglich sind, daß wir später einmal nicht mehr sein werden? Und hätten wir dann eine angemessene Vorstellung von dem unverlierbar Gegebenen, das wir uns selbst sind? Mit anderen Worten: Wofern wir uns je selbst von der Regel ausnehmen, daß das Vergängliche dem Vergessen unterliegt und des Erinnerns bedarf, nehmen wir uns gerade auch aus dem Vergänglichen heraus und verstehen darum das Selbstverständliche, das wir uns selbst zu sein glauben, nicht. Nochmals mit anderen Worten: In unserem Wesentlichsten, nämlich darin, daß wir vergänglich sind, begreifen wir uns nur dann, wenn wir uns erinnern, *memento mori*, wenn wir den Tod nicht vergessen.

In der Tat vergessen wir ihn nicht. Die Mahnung, daß wir seiner gedenken sollen, zielt denn auch mehr auf die Konsequenzen, welche wir aus dem unstreitigen Sachverhalt — daß wir sterben müssen — im Leben zu ziehen haben, als auf das bloße Wissen des Sachverhalts. Gleichwohl verrät sie, daß wir uns im Gedenken ausdrücklich auf ihn beziehen und daß wir durch diese Bezugnahme unser Leben erst angemessen begreifen. Das Gedächtnis stiftet unser Leben als ein Leben auf den Tod hin; indem es das tut, erweist es sich nicht als Vermögen, vollbringt es nicht eine Leistung, die zu andern Aktionen des Geistes oder der Seele hinzukäme, sondern es legt sich selbst einer Existenz zugrund, deren Dimension die Zeitlichkeit ist. Durch das Gedächtnis zeitigt sich unser Dasein; es zeitigt sich im Erinnern, und es wird sich selber faßbar durch das Erinnerte. Für das Erinnerte haben wir ein geläufiges Wort: Geschichte. Das, woran wir uns erinnern, ist Geschichte.

Es könnte sein, daß wir *Nietzsches* „unzeitgemäße Betrachtung" nun besser verstehen. Lassen wir beiseite, was er über das erinnerungslose Leben der Tiere sagt, so können wir uns an das Bild des Kindes halten, das — wie er sagt — „zwischen den Zäunen der Vergangenheit und der Zukunft in überseliger Blindheit spielt. Und doch", fährt *Nietzsche* fort, „muß ihm sein Spiel gestört werden: nur zu zeitig wird es aus der Vergessenheit heraufgerufen", und damit beginnt sein schmerzenreicher Weg zu der Erkenntnis, „daß Dasein nur ein ununterbrochenes Gewesensein ist"[6]. Diesen Weg sieht *Nietzsche* nicht als zeitbedingten Irrweg, sondern als unausweichlichen Menschenweg, der aus dem Paradies der Vergessenheit in die Welt der Geschichte, der Zeit und der Unterscheidung, hinausführt. Erst aus der Verfassung des Gedenkenmüssens steigt der Wunsch nach dem Vergessenkönnen wieder auf, der Wunsch, sich „auf der Schwelle des Augenblicks, alle Vergangenheiten vergessend",

---

[6] Ebd. S. 212.

niederzulassen. Tragender Grund solchen Wunsches ist die unaufhebbare Geschichtlichkeit des Menschen.

Wenn wir jedoch das Vergessen, das dem Leben zu Hilfe kommt, damit es im Übermaß des Gedenkens, in der Bedrängnis durch das Gewesene nicht erstickt — wenn wir diese Schutzmaßnahme der Seele, wie wir es nannten, erst als Gegenzug zum Erinnern begreifen: so verstehen wir das Erinnern seinerseits vor dem Hintergrund des Vergessens. Wenn es wahr ist, daß wir Geschichte nur vergessen, nachdem wir uns ihrer erinnert haben, so ist in einem tieferen Sinne wahr, daß wir erst aus anfänglicher Vergessenheit heraus Geschichte erinnern. Wir versichern uns der Geschichte zwar im Erinnern, doch zuvor gehört sie uns schon an in der Vergessenheit. Ebenso wie wir das geistige Vermögen, das wir gemeinhin Gedächtnis nennen und das wir in seinen psychologischen Funktionsbedingungen, in seiner Technik und Richtung beobachten können, auf einen menschlichen Wesenszug, auf das zeitigende Erinnern zurückführen, — ebenso sehen wir hinter dem Unvermögen, das wir Vergessen nennen und das wir freilich auch als psychische Funktion deuten können, das tiefere, existentielle Vergessen, in welchem unser Verhältnis zur Geschichte ursprünglich gründet. Unser Dasein ist geschichtlich, aber nicht zunächst in solcher Weise, daß es sich in seiner zeitlichen Erstreckung und Begrenzung, im Vergangenheitbezug und in der Spannung auf die Zukunft hin erfährt, sondern vorerst in gleichsam latenter Weise. Das Vergessen ist die latente Geschichtlichkeit des menschlichen Daseins. Das Gedächtnis ist seine konstituierte Geschichtlichkeit, ist die eigentliche Verfassung seiner Geschichtlichkeit[7].

Was bedeutet nun aber jene Erkenntnis, „daß Dasein nur ein ununterbrochenes Gewesensein ist"? Sie bedeutet, daß sich das Dasein, weil es gedenkt, selbst zu Geschichte wird. Nicht nur, nicht vorzugsweise in seinen vergangenen „Lebensabschnitten". Sondern gerade auch in der erlebten Gegenwart, in der erwarteten Zukunft. Gemeint ist, daß das Gedächtnis, daß also die verfaßte Geschichtlichkeit der Gegenwart ihren reinen Gegenwartcharakter, der Zukunft ihren reinen Zukunftcharakter nimmt. Damit, daß wir die Gegenwart erleben, unserem Leben als zeitlich erstrecktem Ganzem einordnen, und damit, daß wir die Zukunft erwartend vorwegnehmen, gleichen wir die Gegenwart und die Zukunft in der Tat dem Gewesenen an, machen wir die eine wie die andere zu einem Vorgezeitigten. Da könnte man einwenden, solchem Prozeß unter-

---

[7] Vgl. auch *Hans-Georg Gadamer, Wahrheit und Methode*, 2. Aufl., Tübingen 1965, S. 13.

liege immer nur *die* Zukunft, die wir erwarten, nicht aber jene, die *uns* erwartet, die uns verborgen bleibt, bis sie Gegenwart wird. Sie allerdings können wir offenbar nicht erwartend uns aneignen, nicht gedenkend in den Stand des Gewesenen ziehen. Ganz dasselbe gilt aber von der Gegenwart, aus der wir uns auch erst im zeitigenden Erinnern so weit heraushalten, daß wir ihr erlebend begegnen können. Und ganz dasselbe gilt von der Vergangenheit, die ihren vollen Vergangenheitcharakter nur dann bewahrt, wenn sie uns im Vergessen, in latenter Geschichtlichkeit angehört — oder wir ihr. Sowie wir uns ihrer im Gedächtnis versichern, sobald wir auch sie der Zeitlichkeit unseres Lebens zuordnen, prägen wir sie mit dem Stempel des Gewesenen, der so auf jeder Erstreckung des Daseins („ununterbrochen") erscheint, wenn es einmal unter das Gesetz des Erinnerns getreten ist.

Die Historiker haben für diesen Vorgang, der die Vergangenheit aus dem Vergessen in das Erinnern und damit in den Status des Gewesenen einführt, ein mißverständliches Wort, das wir uns nun zurechtdenken müssen. Sie nennen ihn Vergegenwärtigung. Sie scheinen zu glauben, daß ihre Tätigkeit, das erinnernde Hervorholen des Vergangenen aus der Vergessenheit, diesem Vergangenen Gegenwartcharakter verleiht. Natürlich spürt man, daß diesem „vergegenwärtigen" mindestens ein abschwächendes „gleichsam" voranstehen muß. Man spürt da ganz richtig. Denn das Gedächtnis, das sich des Vergangenen versichert, ordnet im selben Zug die Gegenwart zeitigend ein und bezieht sie auf erinnerte Vergangenheit wie auf erwartete Zukunft, so daß das heraufgeholte Vergangene nur in der Weise mit der Gegenwart zur Übereinstimmung kommt, daß es wie sie ein Gewesenes wird. Und in der Weise, daß es wie sie erlebt wird. Man spricht mit Recht von „erlebter Geschichte". Im Erlebnis wird die Geschichte „gleichsam" gegenwärtig. Das Grunderlebnis ist aber, „daß Dasein nur ein ununterbrochenes Gewesensein ist".

Zurück zu unserem Beispiel, zu dem Bericht vom 22. November 1963. Was haben wir, mit Bezug darauf, gelernt? Läßt sich der Versuch, den Zusammenhang zwischen Gedächtnis und Geschichte vom Psychologischen ins Existentielle zu vertiefen, hier anwenden? Können wir die Probe aufs Exempel machen? — Als psychologischen Tatbestand führten wir an, daß unser Gedächtnis auswählt und daß es verbindet. Und allerdings ist es richtig, zu sagen, daß die Auswahl, mit der wir erinnern, immer von unserer Seelenlage bestimmt wird. Auch der Historiker, der das Erinnern zu seinem Beruf gemacht hat, wählt sich die Teile und die

Aspekte der Vergangenheit aus, die ihm „liegen", die seiner psychischen Verfassung entsprechen; er wählt weiter aus, indem er die geschichtlichen Zeugnisse sichtet und wertet; noch im Bericht wählt er aus — und immerzu ist es seine seelisch-geistige Eigenart, seine Individualität, ist *er* es, der wählt. Daher sagt man dann, daß der Historiker notwendig subjektiv sei, nämlich befangen in seiner Persönlichkeit, daß eine objektive Geschichtschreibung also nicht möglich, ein unrealisierbares Ideal sei, und was dergleichen Gemeinplätze mehr sind.

Psychologisch deutbar und erklärungsbedürftig ist somit, *wie* wir wählen, — nicht aber, *daß* wir wählen. Denn es läßt sich schlechterdings keine Seelenlage, kein geistiger Zuschnitt denken, die einen Historiker oder irgendeinen Betrachter von Vergangenem hinderte oder es ihm ersparte, zu wählen. Tatsächlich gibt es nur *ein* wahlloses und damit im angedeuteten Sinn objektives Verhältnis zur Vergangenheit: das Vergessen. So wie das Vergangene einzig in der Vergessenheit wirklich vergangen, nämlich nicht „vergegenwärtigt" und in ein Gewesenes umgeprägt ist, so bewahrt es auch allein in ihr seine Ganzheit, die vom Erinnern unweigerlich und unwiderruflich zerteilt wird. Wenn ich also sage, daß ich am Abend des 22. November 1963 auf der Piazza Argentina in Rom die Nachricht von der Ermordung Kennedys erfuhr, so ist dieser mein Beitrag zur Zeitgeschichte zwar deshalb ein lächerlich winziges Bruchstück, weil eben nur ich es bin, der da hörte und behielt und nun weiter berichtet, Bruchstück aber ist jede Aussage, und noch die Summe aller Aussagen wird niemals die ganze ungeteilte Wahrheit enthalten — allein das Vergessen enthält sie, aus dem wir sie doch zu ziehen bemüht sind.

Versuchen wir so, jenes mikroskopische Erinnerungsbruchstück nicht auf Funktionen im erinnernden Subjekt, sondern auf menschliche Grundzüge hin zu analysieren, tritt ein weiteres Element noch hervor, das wir bisher nicht beachtet haben. Durch das Gedächtnis, sagten wir, zeitigt sich unser Dasein; es zeitigt sich im Erinnern, und es wird sich selber faßbar durch das Erinnerte. Und dieses Erinnerte nannten wir dann Geschichte. Ich vollziehe also, wenn ich an den Abend nach der Ermordung Kennedys denke, einen Akt der Zeitigung. Wie stelle ich das an? Wie löse ich aus der Vergessenheit den Splitter von Vergangenem, daß ich ihn mir vergegenwärtige, ihn als Gewesenes erlebe? Offenbar, indem ich ihn namhaft mache, ihn umschreibend eingrenze, ihn für mich formuliere und damit mitteilbar mache. Die Zeitigung vollzieht sich demnach in der Sprache. Wenn das Vergessen die latente Geschichtlichkeit und das

Gedächtnis die konstituierte Geschichtlichkeit ist, so kann uns die Sprache als die Form der Geschichtlichkeit gelten.

Die Zeitigung, die unser Dasein durch das Gedächtnis erfährt und in der es sich selbst zur Geschichte wird, vollzieht sich in der Sprache; und damit auch jegliche Wahl. Der Historiker wählt schon, indem er Vergangenes *nennt* und so zum Gegenstand seiner erinnernden Betrachtung erhebt; er wird schon subjektiv, indem er objektiviert — um diese Begriffe vollends *ad absurdum* zu führen. Aber nun sagten wir vorhin, daß das Gedächtnis unterscheidet, doch zugleich auch verbindet. Das zeigte sich an dem Beispiel besonders handgreiflich, das die Ermordung Kennedys und meinen Abendspaziergang in Rom, also scheinbar ganz Unzusammengehöriges, assoziierte. Wenn solche Assoziation nicht ein Willkürakt sein soll, muß sie sich aus dem bisher Gesagten begründen lassen. Begründet ist sie offensichtlich zunächst im Erlebnis. Der Augenblick, in dem sich mir das Attentat auf Kennedy vergegenwärtigte, — die Situation, in der sich mir dieses Gewesene aufdrängte, wurde durch solche bestürzende Zeitigung zu erlebter, gewesener Gegenwart. Der Grundvorgang, durch den das Dasein aus der Vergangenheit geführt, sich selbst zur Geschichte, zum gezeitigten Dasein oder, wie *Nietzsche* es nennt, zum Gewesensein wird, spiegelt sich in diesem Erlebnis.

Man kann nun einwenden, daß unser Beispiel ein wenig zu gut gewählt sei. Nicht jeden Tag ergreift uns das Weltgeschehen mit solcher Gewalt; nicht immer grenzt die Vergangenheit so stark an die Gleichzeitigkeit. Auch wird hier verwischt, was wir über den wählenden Bezug zum Vergangenen sagten; die Nachricht, die uns überfällt, gehorcht anscheinend nicht unserer Wahl. Jedenfalls müssen wir jetzt den allgemeinern Gehalt des Beispiels umschreiben. — Das Erlebnis der Vergegenwärtigung kann zweifellos verschieden intensiv sein; seine Struktur ist trotzdem immer die selbe. Stets öffnet es den Blick auf zeitliche Erstreckung, und stets ordnet es Vergangenheit und Gegenwart einander zu und rückt sie in die Ordnung des Gewesenseins. Das gilt für den Bezug, den ich zu der Ermordung Cäsars finde, wie für den, der sich mir aufdrängt zur Ermordung Kennedys; Gleichzeitigkeit erweist sich als Extrem- und nicht als Sonderfall. Kein noch so fern Vergangenes kann umgekehrt aus der Vergessenheit hervor Erinnerung werden, ohne auch an Gegenwart zu rühren, so, daß sie — wie flüchtig auch — erlebt wird. Was aus unserem Beispiel unüberhörbar herausruft: das *memento mori*, spricht aus jedem Detail der Historie.

Richtig ist, daß ich die Nachricht, die sich damals in Rom über Straßen und Plätze verbreitete, nicht wählte; daß ich sie weder aus anderen

Mitteilungen über den Lauf der Welt isolieren mußte, noch ihr andere vorziehen oder sie selbst überhören konnte. Ich also wählte sie nicht — aber ging sie denn mich allein an? Sie betraf offensichtlich einen sehr weiten Kreis von Menschen — die gewiß als Einzelne nicht lange überlegen konnten, ob und wie sie wohl von ihr Kenntnis zu nehmen hätten. Aber wenn sie auch als Einzelne von der Ermordung Kennedys erfuhren und als Einzelne auf das Ereignis reagierten, primär waren — von der nächsten Umgebung Kennedys abgesehen — nicht Individuen, sondern kollektive Strukturen betroffen: zum Beispiel das amerikanische Volk oder der „Westen" oder, sehr allgemein und unbestimmt ausgedrückt, die Weltöffentlichkeit. Und von diesen großen Körperschaften kann man nun doch sagen, daß sie mit der Aufnahme jener Nachricht einer Wahl folgten. Nicht weil sie am Abend des 22. November 1963 hätten beschließen können oder müssen, die Ermordung des amerikanischen Präsidenten wichtiger zu finden als was sonst tagsüber passiert war, sondern weil sie sich im Lauf von Jahrzehnten in eine Ordnung eingelebt hatten, in der einem solchen Geschehnis die größte Wichtigkeit zukam.

So erschließt sich uns die tiefere Bedeutung der Aussage, daß das Gedächtnis nicht nur unterscheide, sondern auch verbinde. Vordergründig sahen wir, wie die Erinnerung an ein Weltereignis mit der Erinnerung an einen für sich nicht weiter beachtenswerten Moment im Leben des Einzelnen unlösbar verschmelzen kann. Dahinter zeichnet sich nun ab, daß dieser Einzelne nicht nur mit seinen eigenen Erinnerungen lebt. Das heißt, wenn sich das Dasein im Gedächtnis zeitigt, in ihm seine Erstreckung und Begrenzung erfährt, so vollzieht sich damit nicht ein Akt der privaten Selbsterkenntnis, sondern ein Akt der Übereinkunft, ein gemeinschaftbildender Vorgang. Auch dieser Vollzug wird an unserem Beispiel besonders deutlich, ist aber durchaus nicht mit seiner besonderen Situation verknüpft. Ob ich ein kaum erst eingetretenes Ereignis, das in aller Leute Mund ist, mir vergegenwärtige — so, daß die Gegenwart mir zum Erlebnis, zu Geschichte wird — oder ob ich ein Vergangenes, das nur ein paar Gelehrte wissen, in den Bestand des Erinnerten und Gewesenen einfüge, immer finde ich damit den Anschluß, freilich *meinen* Anschluß, an ein überindividuelles Leben. Und indem sich die Erinnerung entscheidet, im Vergangenen unterscheidend wählt, stellt sie sich schon in Bezug zu einem Kollektivgedächtnis, dem die individuellen Zeitigungen zugeordnet, einverwoben sind.

So versteht es sich, daß *Nietzsche,* wenn er von der Gefahr eines Übermaßes an historischem Sinn spricht, nicht nur den Menschen, sondern ausdrücklich auch Volk und Kultur als bedroht bezeichnet. Und der

Wechselbezug zwischen Erinnerung und Vergessen, der nicht allein auf psychisches Gleichgewicht angelegt ist, sondern aus dem sich zuvor die Geschichtlichkeit des Daseins entfaltet, bestimmt auch das Leben der kleinern und größeren Sozialkörper. Am ursprünglichsten wiederum in der Sprache. Sie ist die Form der Geschichtlichkeit nicht nur, weil in ihr sich das zeitigende Erinnern vollzieht, sondern auch weil sie die Übereinkunft von individuellem und kollektivem Gedächtnis stiftet: beides spielt ineinander, sowie und sooft von Menschen gesprochen wird. Die Gemeinschaften wie die Einzelnen halten ihr Selbstverständliches und dazu noch Erinnertes bereit zur Verständigung — zu einer Verständigung, die sich zeitigend abspielt vor dem Hintergrund stummen Vergessens. Insofern nun übrigens Bildung als Ergebnis wie als Moment der Verständigung stets aus erinnernder Übereinkunft hervorgehen muß, ist sie im tieferen Sinne immer historisch; das zeigt noch einmal, wie Wesentliches die „unzeitgemäße Betrachtung" *Vom Nutzen und Nachteil der Historie für das Leben* sich zum Thema gesetzt hat. Wenn wir aber von ihr her dazu geführt worden sind, die Geschichtlichkeit des Daseins im Gedächtnis begründet zu sehen, so bleibt uns ein zweiter, im landläufigen Sinn historischer Gang noch zu tun, der uns erneut vor das Gedächtnis bringen muß. Denn die Geschichte erscheint uns in ihm, es erscheint uns aber auch in der Geschichte.

II.

In Händels „Alexanderfest" ist die großartig barocke Szene vergegenwärtigt, in welcher der makedonische Welteroberer beim Siegesmahl in Persepolis von einer jungen Griechin dazu gereizt wird, die Königsburg des überwundenen Achämenidenreichs niederzubrennen. Das Thema war so bei *Plutarch* gestaltet; seine Alexandervita berichtete, wie sich Thais „zu einem Worte hinreißen ließ, das wohl der Würde ihres Vaterlandes entsprach, aber größer war, als ihr ziemte. Sie sagte nämlich, für die Mühsale, die sie auf der langen Fahrt durch Asien erduldet habe, empfange sie an dem Tage den Lohn, da sie über das stolze Königsschloß der Perser triumphieren dürfe. Noch lieber aber würde sie hinziehen und das Haus des Xerxes, der Athen niedergebrannt habe, in Brand stecken und selber die Fackel hineinwerfen vor den Augen des Königs, damit es unter den Menschen heiße, eine schwerere Strafe als jene Feldherrn zu Land und zu Wasser hätten die Frauen in Alexanders Gefolge den Persern zur Rache für Griechenland auferlegt." Einen Kranz auf dem Haupt, in der Hand eine Fackel habe der König selbst das Gelage verlassen, um Feuer an den Palast zu legen, und seine Makedonen seien voller Freude herbeigeeilt, „denn sie dachten und hofften, das Niederbrennen und Zerstören des Schlosses sei ein Zeichen, daß Alexander seinen Sinn auf die Heimat richte und nicht unter den Barbaren wohnen wolle. So habe sich das zugetragen, berichten die einen, andere, es sei mit Bedacht geschehen[8] ..."

In der Tat war der Vorgang kontrovers, und er ist es bis heute geblieben. „Es liegen hinlänglich Beweise vor", sagt *Droysen* in seiner *Geschichte Alexanders des Großen*, „daß es nicht die Tat eines aufgeregten Momentes, sondern ruhiger Überlegung war, wenn Alexander gebot, den Feuerbrand in das Zederngetäfel des Königspalastes zu werfen. Parmenion war anderer Ansicht gewesen, hatte dem Könige geraten, des schönen Gebäudes, seines Eigentumes, zu schonen, nicht die Perser zu kränken in den Denkmälern ihrer einstigen Größe und Herrlichkeit. Der König hielt dafür, daß die Maßregel, die er beabsichtigte, nützlich und notwendig sei[9]." Vom Einspruch des Parmenion erzählte schon *Arrian*: es sei nicht klug, habe der erfahrene Berater des Königs gesagt, „sein eigenes Besitztum zu vernichten. Und es würden ihn auch die Menschen Asiens nicht ebenso verehren, wie wenn er entschlossen wäre, die Herrschaft über Asien zu behalten, sondern glauben, daß er hier nur als Sieger durchziehe. Trotzdem erklärte Alexander, er wolle an den Persern dafür Rache nehmen, daß sie auf ihrem Zuge nach Griechenland Athen zerstört und seine Heiligtümer in Brand gesteckt hätten; sie sollten überhaupt für alles Leid, das sie den Griechen zugefügt hätten, ihre Strafe empfangen." Aber *Arrian* setzte hinzu: „Auch mir scheint, Alexander habe dies nicht mit Überlegung getan. Und das ist auch keine Rache an den Persern früherer Zeit[10]."

Mag auch die Frage, ob sich Alexander damals, im Frühjahr 330 v. Chr., spontan oder planvoll verhalten habe, im Einzelnen schwer zu entscheiden sein, im Ganzen lassen die Quellen doch klar erkennen, daß der Brand von Persepolis im Zug des Eroberers einen tiefen und gewollten Einschnitt bedeutet. Bis dahin hatte das Unternehmen wirklich die Rache für die Zerstörung der griechischen Heiligtümer durch das Heer des Xerxes im Jahre 480 zum Ziel gehabt. Als dieses Ziel erreicht war,

---

[8] *Plutarch, Alexandros*, Kap. 38.
[9] *Johann Gustav Droysen, Geschichte Alexanders des Großen*, 5. Aufl., Gotha 1898, S. 245 f.
[10] *Arrian, Anabasis Alexandri*, II, 18, 12.

sandte Alexander die griechischen Kontingente zurück in die Heimat und wandte sich neuen Aufgaben zu, die seine Stellung in Asien, seine Herrschaft über das eben noch achämenidische „Weltreich" ihm zuwies. Jetzt war es gewiß „sein Eigentum", das er zerstört, und ein Monument seines Machtanspruches, an das er selber gerührt hatte; aber doch erst jetzt. Und die Hoffnung, anderseits, daß der Feldzug zu Ende sei, wurde gleichzeitig erfüllt und enttäuscht; denn eben der spektakuläre Abschluß des Rachekriegs gab dem Sieger den Weg frei zu höheren Zielen.

Aber anscheinend bezog und bezieht sich die Diskussion um Alexanders Verhalten in der eroberten Hauptstadt nicht nur auf die Frage, ob es bewußter Planung oder plötzlicher Eingebung oder einer Verbindung von beidem entsprungen — sondern wie es überhaupt zu beurteilen sei. Der Gedanke, daß ein Kriegsverbrechen, das vor eineinhalb Jahrhunderten begangen worden war, nun seine Strafe oder Sühne finden müsse, war lebendig in den Handelnden und lag den Deutern des Geschehens vor, auch ihnen nicht als absurde, sondern als mögliche, vielleicht richtige Vorstellung. *Arrian* distanziert sich freilich von ihm. Er vertritt die rational gewiß einwandfreie Ansicht, man habe sich 330 nicht mehr an den Schuldigen von 480 rächen können. Und lieber als eine so unphilosophische Vergeltungsabsicht schreibt er Alexander eine unüberlegte Handlung zu; er lehnt es ab, in dem Rachegedanken ein bewußtes Motiv des Königs zu sehen.

Während es *Arrian* vorab darauf ankam, von den Taten Alexanders ein Bild zu entwerfen, hielt *Plutarch* seine Aufmerksamkeit auf den moralischen Gehalt dieser Taten gerichtet. Der Kern seiner Aussage zu dem Ereignis, das er erzählt, ohne seines Verlaufs ganz sicher zu sein — das Legendenhafte seines Berichts springt denn auch in die Augen —, liegt in dem Urteil: Thais habe sich zu einem Worte hinreißen lassen, „das wohl der Würde ihres Vaterlandes entsprach, aber größer war, als ihr ziemte". Der Satz läßt verschiedene Deutungen zu. Er kann meinen, so heroische Willensäußerungen seien in Griechenland zwar vor Zeiten getan und unter Beweis gestellt worden; diesem Heroismus habe jedoch die Person nicht entsprochen, die sich da fern von aller Bewährung in Rhetorik erging. Er kann auch meinen, allein das Volk, das unter den Perserkriegen gelitten habe, nicht irgendein spätgeborenes Glied dieses Volkes sei würdig gewesen, Rache zu fordern für den einstigen Frevel. Wie immer man aber *Plutarch* hier versteht, man erkennt, wie behutsam er das Geschehen wertet. Auch er neigt dazu, den Entschluß zur Zerstörung der persischen Residenz aus dem Augenblick entstehen zu lassen; aber er weist den Rachegedanken nicht von sich, weder als reales Motiv, noch als moralische Möglichkeit. Die Frage, ob Alexander gewillt und ob er befugt war, die historische Rechnung mit den Achämeniden durch eine Sühnetat zu begleichen, bleibt offen bei ihm. Den allgemeinen, den kollektiven Drang nach einer Abrechnung mit den Persern mißbilligt er nicht, und daran, daß dieser Drang zu den Impulsen des Alexanderzuges gehörte, scheint er nicht zu zweifeln.

Man findet also, daß das Verhalten menschlicher Gruppen in der Geschichte vom Gedächtnis bestimmt sein kann, und man findet, daß solche Motivation von Historikern wohl beachtet wird. Wir dürfen die Möglichkeit nicht übersehen, daß die Historiker dem Gedächtnis der Völker (mit dem sie sich selbst gar zu identifizieren versucht sein könnten) allzuviel Kraft und Bedeutung zuschreiben. Wir müssen ferner bedenken, daß im Gedächtnis sehr vieles nebeneinanderlebt, das je nach der Lage der Dinge laut werden oder stumm bleiben kann. In dem Jahrzehnt, bevor sich die Griechen zu ihrem „panhellenischen" Rachekrieg gegen die Perser rüsteten, hatte Demosthenes alle guten Geister ihrer Vergangenheit aufgerufen, um die makedonische Fremdherrschaft von ihnen abzuwenden, unter der sie dann in den Kampf zogen. Und vergessen wir auch nicht, daß lebendige Erfahrung im Gedächtnis allmählich zu fester ideologischer Prägung sich wandeln kann: Die Römer hatten gewiß ihre Gründe, vor allen monarchistischen Tendenzen auf der Hut zu sein; mit ihrer schlimmen Erinnerung an die Etruskerkönige, die Tarquinier, konnten sie dieses Mißtrauen nach Jahrhunderten nur noch formelhaft, nicht mehr real begründen.

Aber mit all solchen Einschränkungen bleibt man doch bei der Tatsache, daß der historische Sozialkörper sein Gedächtnis hat und in seinem Verhalten auch vom Gedächtnis gelenkt wird. Historische Wissenschaft und Geschichtschreibung ziehen ihr Lebensrecht aus diesem Umstand. Denn in ihnen sucht sich ein Volk, eine Kultur über gemeinsam Erinnertes zu verständigen, sucht Übereinstimmung, Ordnung in das Viele zu bringen, das vom kollektiven Gedächtnis bewahrt wird. Umgekehrt bleibt der Historiker, der seine Aufgabe richtig versteht, an das kollektive Gedächtnis gebunden. Nicht weil er durchaus nur erforschen oder erzählen dürfte, was sich im populären Erinnerungsschatz ohnehin vorfindet; aber weil ihm vom Allgemeinbewußtsein der räumlich-zeitliche Radius des noch Zugehörigen, des als je eigene Geschichte eines Sozialkörpers noch Erfahrbaren angezeigt wird. In der Vorrede zu seiner *Weltgeschichte* sagt *Ranke:* „Zuweilen sind wohl die von uralter Zeit vererbten Zustände eines oder des anderen orientalischen Volkes als

Grundlage von allem betrachtet worden. Unmöglich aber kann man von den Völkern eines ewigen Stillstandes ausgehen, um die innere Bewegung der Weltgeschichte zu begreifen. Die Nationen können in keinem anderen Zusammenhange in Betracht kommen, als inwiefern sie, die eine auf die andere wirkend, nacheinander erscheinen und miteinander eine lebendige Gesamtheit ausmachen[11]."

Eine sehr zeitbedingte — vor allem aber eine ganz zeitgerechte Aussage. *Ranke* faßt die „Weltgeschichte" als zwar übernationale, zugleich doch aus nationalen Elementen gebildete Einheit auf. Sie „würde in Phantasien und Philosopheme ausarten", sagt er, „wenn sie sich von dem festen Boden der Nationalgeschichte losreißen wollte; aber ebensowenig kann sie an diesem Boden haften bleiben. In den Nationen selbst erscheint die Geschichte der Menschheit. Es gibt ein historisches Leben, welches sich fortschreitend von einer Nation zur anderen, von einem Völkerkreise zum anderen bewegt"[12]. Der Radius echter Erinnerung ist damit genau bestimmt. Vom Nationbegriff konnte sich das historische Lebensgefühl des ausgehenden 19. Jahrhunderts nicht lösen, doch es erhob sich über die nationalen Grenzen zur Einsicht höhern Zusammenhangs. Dieser Zusammenhang wiederum konnte im Zeitalter des Kolonialismus noch keine globale Weite annehmen, er blieb auf die abendländische Tradition bezogen und drang darum zeitlich-räumlich nicht über die biblischen Ursprungsmythen, über Werdegang, Geltungsbereich und Umkreis der antiken und der christlichen Welt hinaus. Seine Schranken waren ihm vom Kontinuitätsbewußtsein einer Generation gesetzt. Kontinuitätsbewußtsein ist nur ein anderes Wort für Gedächtnis.

Wir haben vom gemeinschaftlichen Charakter des Gedächtnisses gesprochen. Und von der Zeitigung, durch welche Vergangenes, Gegenwärtiges, Künftiges in greifbar Vorliegendes, Objektiviertes, in Gewesenes umgeprägt wird. Und von der Sprache, in der solche Zeitigung sich vollzieht, Übereinkunft sich herstellt über gemeinsam Erinnertes, über Geschichte. Solche Übereinkunft, wie sie zustandekommt unter Zeitgenossen, nennt man wohl das Geschichtsbild einer Generation. *Rankes* Äußerung weist uns auf den begrenzten Umfang eines Geschichtsbildes hin: darauf, mit anderen Worten, daß die Gemeinschaft sich immer wieder verständigt — und nicht nur in ihren Historikern — über die Weite des aktualisierten, dem Vergessen enthobenen Lebensbereichs. Wobei sie stets in Gefahr sein wird, den ihr angemessenen Kreis der Erinne-

---

[11] *Ranke, Weltgeschichte*, Bd. I, 1, Berlin 1881, S. VII f.
[12] Ebd. S. VIII f.

rung durch „Phantasien und Philosopheme" zu überspielen; *Rankes* Mißtrauen gegen ein überdehntes Geschichtsbild könnte mit *Nietzsches* Warnung vor einer Historisierung des Lebens nicht wenig zu tun haben — beide verdienen im Zeitalter Toynbees und des „Holismus" gehört zu werden.

Aber nun einigt sich ja die Gemeinschaft im allgemeinen weder bewußt noch direkt über Umfang und Grenzen ihres Geschichtsbildes. Eben dort, wo die Breite historischer Aktualisierung einen authentischen Bezug zum Leben des Sozialkörpers wahren und dadurch mehr „Nutzen" als „Nachteil" bereithalten soll, wird sie sich nicht an der Peripherie, sondern aus der Mitte der erlebbaren Kontinuität entscheiden. Wie dann die Ränder einer geschichtlichen Welt sich verdeutlichen können, zeigt uns das Beispiel des Alexanderzugs. Diese Unternehmung war dem Verständnis der Griechen so lange zugänglich, als sie antwortete auf den Einfall des Xerxes. Sie fand in dem Brand der Königsburg von Persepolis einen Höhepunkt, der die Entsprechung über eineinhalb Jahrhunderte hin denkbar sinnfällig machte — und zugleich aufgab; sie rückte an diesem Tag von der bisherigen historischen Sinnmitte ab und ließ so den Zeitgenossen nur die Wahl, sich in einen neuen Geschichtsraum hineinzudenken oder Alexander aus ihrem Begreifen zu entlassen.

Das Beispiel gibt uns aber auch einen Hinweis darauf, wo jene Mitte der gedenkenden Aktualisierung liegen mag. Denn ganz ausdrücklich ist in den Texten gesagt, daß die Griechen sich für die Zerstörung ihrer Heiligtümer zu rächen hatten — nicht in erster Linie der Ernten oder Viehbestände, fester Plätze oder offener Dörfer, sondern der Sakralbauten. An das Religiöse war das Kontinuitätsbewußtsein offenbar besonders fest geknüpft; was sich als „Leiden des Volkes", Gewalttat und Unrecht in der Erinnerung hielt, stand vorab unter dem Zeichen der Tempelschändung. Was das bedeutet, wie es sich im einzelnen damit verhält, müssen wir aber nicht an dem griechisch-persischen Austrag ergründen, es liegt uns viel näher in *der* Welt, die in höchstem Maß vom Gedenken durchwaltet wird: in unserer eigenen, christlichen Welt.

Wir wollen auch da nicht versuchen, ein Leben in der Erinnerung einem Leben der vermeintlichen Erinnerungslosigkeit gegenüberzustellen. Gewiß hat ein Denken, das sich aus dem Bezug zum klassischen Griechentum und selbst in der Abkehr von christlich-transzendenten Lehren verstand, die Vorstellung von einem heidnisch-diesseitigen Dasein im Tag und im Augenblick, in einem inselhaften Heute und Jetzt entwickelt. Aber wenn *Nietzsche* so, in polemisch verschärftem Kontrast zur historischen Schule, am Beginn des vierten Buches von *Morgenröte* erklärt: „Wir wollen nicht mehr die Ursachen zu Sündern und die Folgen zu Henkern machen"[13], paßt dieser kritische Satz auf wenig so gut wie auf die Erklärung, die dem Zug Alexanders von Zeitgenossen gegeben wurde. Versuchen wir das spezifisch christliche Bild der Geschichte auch seinerseits aus ihm selbst zu begreifen.

Können wir aber das historische Denken und die Geschichtswissenschaft auf so etwas wie einen christlichen Generalnenner beziehen, ohne verschiedenste, vielleicht unvereinbare Konzeptionen zueinander zu zwingen? Können wir gleichzeitig die Verbindung zu *dem* wahren, was wir über den existentiellen Sinn des Gedächtnisses sagten? Offenbar müssen wir eine eher weite Umschreibung anstreben. Soviel mag immerhin feststehen, daß ganz allgemein in der christlichen, ja, in der jüdisch-christlichen Auseinandersetzung mit der Geschichte ein Zusammenspiel von Erinnerung und Erwartung im Gang ist. Und zwar vollzieht sich dieses Zusammenspiel anscheinend nicht nur in der Sphäre, in der die Erinnerung an erlittenes Unrecht mit der Erwartung künftiger Rache verwächst oder, neutraler, der Wechsel von Schlag und Gegenschlag als Gesetz gilt, — sondern gerade auch jenseits der von *Nietzsche* kritisierten Verknüpfung von Kausalität und Schuld. Die ältesten historischen Texte des Christentums, die Evangelien, sprechen von dem, der da kam und der wieder kommen wird; im erinnernd-erwartenden Doppelbezug wird Geschichtschreibung Botschaft.

Ist jedoch mit diesem Doppelbezug etwas gestiftet, das sich aller Vergangenheitschau dieser letzten zweitausend Jahre mitteilt und aufprägt? Der Nachweis würde sich wohl erbringen lassen. Aber es muß uns nicht vordringlich darauf, nicht auf das Verhalten der Historie ankommen; sondern auf jenes Kontinuitätsbewußtsein, aus dem die Geschichtsbetrachtung zwar lebt, das sich aber zuvor im menschlichen, im gesellschaftlichen Verhalten anzeigen muß. Wir dürfen uns da nicht an Ausnahmezustände halten, an Episoden, die den Beteiligten im Licht irgendeiner Verheißung erschienen und Träume von Wiederkunft und Vollendung mit historischen Anklängen, Imitationen oder Restaurationsversuchen vermengten. Daß die Geschichte der Christenheit an solchen Vorfällen reich ist, bleibt immerhin symptomatisch. Halten wir uns aber an ein nüchternes, zeitgenössisches Beispiel. Es zeigt sich uns unter dem Stichwort der Integration.

---

[13] *Nietzsche*, a.a.O., Bd. 1, S. 1161.

Mit „Integration" kann heute gemeint sein: Einigung und Zusammenschluß europäischer Staaten zu gemeinsamer wirtschaftlicher und politischer Ordnung; oder ein noch weiteres, auf das Weltganze zielendes Einheitstreben, wie es zur Einrichtung der Vereinigten Nationen geführt hat; oder die Aussöhnung, Angleichung der christlichen Kirchen und, als noch ferneres Fernziel, der Religionen; oder die Gleichstellung und die soziale Verschmelzung der Rassen, in Einzelstaaten und wiederum auch im Weltganzen; oder das Einschmelzen überhaupt, von Gruppen und Individuen in den größern Verband, von Baukörpern in ein Stadt- oder Landschaftsbild... Und immer ist etwas gemeint, das die Gegenwart ohne Zweifel beschäftigt und kennzeichnet — einen Grundzug unserer Zeit ausmacht. Es ist leicht zu sehen, welche Erwartung und Hoffnung nicht nur die ökumenische, sondern auch jede andere Ausprägung dieses Einheitsdenkens bestimmt. Eine Weltregierung, in welcher die Macht sich aufgehoben hat, unter der alle Menschen gleich und eins sind im Recht und im Glauben, in einer Gemeinschaft „ohne Makel und ohne Runzeln": diese Utopie gehört mitsamt den Schlagworten, die sie vorwegnehmen („One World" usw.) christlicher Zukunft- und Endzeitvision an.

Wenn wir versuchen, die Gruppen und Individuen, die wir betrachten und deren Verhalten wir nachvollziehen können, auf einen großen Prozeß wie den der Integration oder doch des Integrationstrebens zu beziehen, so schreiben wir ihnen ganz von selbst eine geistig-seelische Beteiligung an diesem Prozeß zu. Wir stellen damit letztlich nur in Rechnung, daß sie sich vom Gedächtnis bestimmen lassen, daß sie erinnernderwartend — erlebend — auf die Zeitspanne eingehen, die sich ihnen geschichtlich aktualisiert. Und wir folgen damit auch selbst dem Gedächtnis, welches uns die Vergänglichkeit und das Transitorische, historisch gesprochen das Entwicklungsmäßige lehrt. Durch das Gedächtnis konstituiert sich uns die Erstreckung, in der die Sozialkörper uns als vergangenheit-, gegenwart-, zukunftbezogen erscheinen, und im Gedächtnis werden die Sozialkörper an sich selbst zu Trägern historischer Kontinuität zwischen gestern und morgen.

Aber die Feststellung einer formalen Analogie zwischen Betrachteten und Betrachtern in der Geschichte darf uns nicht genügen. Die Menschen und Gruppen verstehen sich nicht aus dem abstrakten Vergangenheit-, Gegenwart-, Zukunftbezug; sie fassen nicht die Zeitigung als solche, sondern ihre konkrete Erscheinung, das Zeitigende, an das auch wir uns in der historischen Betrachtung (und nicht weniger im eigenen Selbstverständnis) halten. Beispielsweise die Abrechnung mit den Persern — oder die Integration. Und diese Beispiele meinen nun bloß im Allgemeinsten, im Nachweis von Kontinuität und Erstreckung, dasselbe. Im Übrigen leuchtet ein, daß der Strafvollzug, mit dem eine hundertfünfzigjährige Schuld beglichen wird, und der Vorgang, durch den eine Weltordnung sich verwirklichen soll, nicht dasselbe sind.

Wieder mag sich der Verdacht aufdrängen, daß unsere Beispiele ein wenig zu gut gewählt seien. Nicht alles, was seit Christi Geburt vor sich geht, zielt auf das Weltganze und auf das Reich Gottes[14]; nicht alle Entwicklungen der Antike kommen zu einem so klaren, bewußten Abschluß. Kurzfristige Revanchepolitik hat es gerade in den letzten Jahrhunderten mehr als genug gegeben. Was es aber in vorchristlichen Zeiten wohl doch nicht gab, war die immer wieder verfochtene Unterordnung allen Geschehens unter ein leitendes Thema, die objektive und subjektive Einordnung der Akteure in einen beherrschenden Plan, der historische Universalismus. Die spezifisch christliche Auffassung der Geschichte besagt, daß nicht in den Lebenszielen der Einzelnen, nicht im Bestand der Völker der höchste Sinn liegt, nicht im Recht, nicht im Glück, sondern im Heil.

Der Heilsplan ist die christliche Dimension der Zeitigung. Erinnerung und Erwartung sind im Geschichtsverständnis des Abendlandes bezogen auf Ziel und Ursprung eines Geschehens, das die irdischen Begrenzungen übersteigt, letztlich aufhebt. Unnötig zu sagen, daß eine Feuersbrunst im Palast von Persepolis in solchem Rahmen kaum Epoche machen würde. Schwieriger scheint die Frage zu sein, wie sich der Mensch, die Gemeinschaft von einem Gedächtnis bestimmen lassen können, das einen so weiten, ja, allumfassenden Geschichtsraum einschließen soll. Müßte sich denn unser Handeln stets „sub specie aeternitatis" vollziehen? Aber wir sahen schon, daß der Horizont auch in unserer Ära recht eng sein kann, daß der Historiker, wenn er der Maßgabe durch das kollektive Gedächtnis folgt, einen begrenzten Ausschnitt aus der Vergangenheit vor sich hat. Wenn wir anderseits wiederum nicht die Ränder, sondern die Mitte der Aktualisierung ins Auge fassen, so können wir doch den Zug zum Universalen nicht übersehen, der immer mehr vom Leben der Einzelnen und der Gesellschaft Besitz ergreift, so daß der Radius des noch Zugehörigen, Miterfahrbaren länger und länger wird — und eine „Weltgeschichte" nach der anderen auf den Büchermarkt kommt.

---

[14] Vgl. aber nochmals *Schlegel*, a.a.O., S. 201: „Der revolutionäre Wunsch, das Reich Gottes zu realisieren, ist der elastische Punkt der progressiven Bildung, und der Anfang der modernen Geschichte. Was in gar keiner Beziehung aufs Reich Gottes steht, ist in ihr nur Nebensache."

Oder haben wir es hier mit einer ganz oberflächlichen Spielart des Universalismus zu tun? Faßten nicht mittelalterliche Denker den allgemeinen Heilsplan viel sicherer, ohne sich von den Ausmaßen der Menschheitsgeschichte eine Vorstellung machen zu können? Ist der religiöse Gehalt des Geschichtsbildes nicht gerade über seiner Ausweitung langsam dahingeschwunden? Löst sich das Kontinuitätsbewußtsein in seiner Grenzenlosigkeit schließlich auf? Diese Fragen machen uns auf eines aufmerksam: Der Zweifel am Kontinuitätsbewußtsein oder Gedächtnis fällt zusammen mit dem Zweifel an einem Sinn der Geschichte. Und das heißt: Nur was sich uns im Gedächtnis, in Erinnerung und Erwartung zeitigt, ist wirklich Geschichte, die wir uns als Gewesenes gegenwärtig halten.

Wenn wir also die „Phantasien und Philosopheme" vermeiden wollen, die *Ranke* erwähnt, und wenn wir nicht in den „Grad von Schlaflosigkeit" verfallen wollen, von dem *Nietzsche* sagt, daß bei ihm „das Lebendige zu Schaden kommt und zuletzt zugrunde geht", so müssen wir es mit der Geschichtlichkeit des menschlichen Daseins sehr genau nehmen. Aber können wir dann gleichzeitig von weltweiter Integration als historischer Hauptbewegung, dürfen wir dann noch vom Heilsplan reden? Wir können und dürfen es — mit gewissen Einschränkungen. Denn das Zusammenspiel von Erinnerung und Erwartung, das unser Geschichtsdenken ausmacht, unterscheidet sehr wohl verschiedene Radien der Zusammengehörigkeit. Wenn es also eine letztlich gemeinsame Zukunft der Völker, Rassen, Bekenntnisse annimmt, muß es darum keine gemeinsame Vergangenheit all dieser Sozialkörper annehmen. Wenn wir das Leben in fernen Jahrhunderten mit Buddhisten und Eskimos teilen werden, so gibt uns das keinen Anlaß, unser geschichtliches Herkommen mit dem ihren in Verbindung zu bringen und uns zu gegenwärtiger Übereinstimmung mit ihnen verpflichtet oder berechtigt zu fühlen. Der modische Universalismus und Panhistorismus begeht aber ebendiese Verwechslung.

Der Historiker, der sich in seiner Thematik nach dem Gedächtnis oder Kontinuitätsbewußtsein des Sozialkörpers richtet, welchem er angehört, wird auch heute nicht in beliebig weite Räume gezogen. Und wenn er sich selbst seines Standortes in — und nicht über — seiner Zeit und seiner Gesellschaft bewußt bleibt, kann er die Ränder seines Geschichtsbildes immer noch vom Vergessen, von wahrhaft vergangener Vergangenheit umflutet sein lassen. Anderseits wird ihm doch nicht entgehen, daß sich der Bewußtseinshorizont der Menschen, deren Geschichte er schreibt, in den letzten Jahrhunderten und Jahrzehnten mit wachsender Eile geweitet hat. Und sofern nun Geschichte nicht nur Vergangenheit, sondern auch Zukunft und Gegenwart als Gewesenes faßbar macht, berührt das Gewesene heute die Grenzen der Wirklichkeit überhaupt, freilich ohne daß diese Wirklichkeit schon die Zeichen der einsgewordenen Welt trüge, in der man gleichsam das Ziel der Geschichte, als Heilsgeschichte, erblicken müßte.

Solange aber das Universale nur erst als Horizont der Betrachtung und der „erlebten Geschichte" erscheint, spiegelt sich im Geschichtsbild das in Erinnerung und Erwartung gezeitigte Dasein, aktualisieren wir den Vergangenheit-, Gegenwart-, Zukunftbezug von der je eigenen Existenzmitte her, bleibt unser Leben vom Gedächtnis bestimmt. Aus ihm muß sich demnach auch der Sinn der Geschichte ergeben. Aus ihm, das heißt aus dem spezifischen Anteil, den unser vergegenwärtigendes Gedenken aus dem Vergessen heraufholt. Und welches ist nun schließlich dieser spezifische Anteil? Wir sahen, daß wir uns an das Vergängliche erinnern und an unsere eigne Vergänglichkeit. Hat die Vergänglichkeit — des Menschen, des Sozialkörpers — im christlichen Geschichtsbild einen besonderen Modus, einen bestimmten Charakter?

Plutarch sagt, daß Thais einen Gedanken aussprach, der ihrem Vaterland, aber nicht ihr selber gemäß war. Danach würde das kollektive Gedächtnis an „weltgeschichtliche" Momente heranreichen, die sich der legitimen Reichweite individuellen Erinnerns und Erwartens entzögen; weiter zeigt aber die Szene in der Königsburg von Persepolis, daß auch dem Kontinuitätsbewußtsein der größern Gemeinschaft eine Grenze gesetzt ist, und zwar nicht allein nach der Seite der erinnerten Vergangenheit und der erlebten Gegenwart, sondern auch nach der erwarteten Zukunft hin; jenseits der Rache an den Achämeniden beginnt für die griechische Welt das Unerschlossene, nicht mehr Dazugehörige. Solche Begrenzung, solche Endlichkeit kennt unser Geschichtsbild nicht. Die Vorstellung, daß die räumlichen und die zeitlichen Maße einer werdenden Zukunft über das Kontinuitätsbewußtsein zuerst des Individuums, dann des Kollektivs hinausgreifen könnten, ist uns fremd. Vergänglichkeit bedeutet in unserem Denken nicht, daß die Welt uns abschneidet von der Dimension der Erwartung, sondern daß wir erinnernd-erwartend aufgehen in der Fülle der Zeit.

Da scheint es, als endete der Gedankengang bei einer mystischen Formel; aber es scheint nur so. „Fülle der Zeit" ist bloß ein anderer Name für das, was wir hier immer wieder „Vergegenwärtigung" nannten; ein

Name freilich, welcher die Sache in ihrer eigentlichsten Möglichkeit zu erfassen sucht, nicht als Kunststück der Geschichtschreibung, sondern als höchste Verdichtung der Geschichte zu einem Gewesenen, das die vom Gedächtnis konstituierten Zeitbezüge der Existenz in der Perspektive der sich vollendenden Welt versammelt, Erinnerung und Erwartung vereinigt im Augenblick, der vor dem Horizont des Vergessens die Ewigkeit spiegelt.

Identität

Jeder Wissenschaft liegt der Satz der Identität zugrunde. Auch der Geschichtswissenschaft. Aber fraglich ist erstens, ob diese Wissenschaft sich in ihrer Arbeit so kleiner oder so großer Einheiten je bedient und bedienen kann, daß der Satz der Identität anders als implicite und unsichtbar zur Anwendung kommt. Und fraglich ist zweitens, ob diese Wissenschaft uns nicht zwingt, einen Begriff von Identität anzunehmen, der über die Identität, wie der Satz sie meint, entscheidend hinausweist.

I.

A ist A. Wo hat es aber die Geschichtswissenschaft mit einem A zu tun, das nichts anderes sein kann als dieses selbe A? Ohne Zweifel in der Quellenkunde. Das Bronzemedaillon der Staatlichen Münzsammlung Berlin, das die Büste eines lorbeerbekränzten bärtigen Mannes zeigt und dessen Umschrift den Namen Septimius Severus aufführt, ist in der Reihe der Zeugnisse zur römischen Kaisergeschichte ein solches A. Das Datum, das bei der Betrachtung des Medaillons als Prägungsjahr evident wird, 194 nach Christi Geburt, ist in der Chronologie der römischen Kaisergeschichte ein solches A; die Chronologie allerdings nur als abstraktes hilfswissenschaftliches Schema genommen. Sobald wir die Kaiserbüste, die Umschrift, das Datum zu interpretieren beginnen — sobald wir das Medaillon als das nehmen, was uns über sein gegenständliches Dasein hinaus beschäftigen muß: als historische Aussage —, teilt uns der Satz „A ist A" nichts irgend Zugehöriges mit.

Identität, im Sinn von „A ist A", erweist sich anderseits als anwendbar auf die Geschichte als Ganzes, auf „die Weltgeschichte und ihren Gang als höchste, alles umschließende geistige Wesenheit und Individualität", wie *Meinecke* sie bei *Ranke* vorgestellt fand[1]. Solche „Gesamtindividualität der geschichtlichen Menschheit"[2] konstituiert im

---

[1] *Friedrich Meinecke, Die Idee der Staatsräson in der neueren Geschichte;* Werke, Bd. 1, hrsg. v. *Walther Hofer*, München 1957, S. 443.

historischen Denken gleichfalls ein A, das unmöglich etwas anderes sein kann als dieses selbe A; das Ganze kann nur das Ganze sein. Doch sobald wir auf Einzelerscheinungen in ihm und auf ihre Bezüge zu ihm oder zueinander blicken, wird uns das „A ist A" wieder irrelevant, und das „A verhält sich zu B" beherrscht unser Bild. Die Geschichtswissenschaft macht sich weder die Summe aller Dinge noch das atomische Grundelement zum Thema, sie hält sich an den Bereich zwischen diesen extremen Maßen, und in ihm ist die Identität kein „Satz", sondern ein Problem.

Bergson hat sich wiederholt mit der Möglichkeit auseinandergesetzt, daß einem Menschen in bestimmten Ausnahmezuständen die Gesamtheit seiner Erinnerungen gleichzeitig und gleichmäßig ins volle Bewußtsein träte[3]. Ein solcher Vorgang würde auf die vollkommene Einheit in der Kontinuität eines Menschenlebens hinweisen, und er würde die Identität dieser Lebenseinheit mit sich selber hervorheben; die Ganzheit wäre in ihm ja vorausgesetzt, die vollständige, sichere Zugehörigkeit... Aber alles, was die historische, oder biographische, Betrachtung eines Lebens ausmacht, würde in einer Totalvergegenwärtigung dieser Art fehlen; alles nämlich, was wir mit dem Begriff der Perspektive erfassen können. Die Grenzsituation, in der mir alle erinnerte Vergangenheit zugleich — „tota simul" — vor Augen stünde, wäre auch jene Situation, in der sich mein Standort im geschichtlichen Raum verlöre, meine Distanzen zum Einzelnen, Heterogenen der Weltwirklichkeit sich auflösten und so denn wohl auch meine Individualität ihre räumlich-zeitlichen Konturen aufgäbe — nach christlicher Lehre mit der Seligkeit Gottes vertauschte, „cuius aeternitati sunt omnia praesentia".

In solcher Situation, aus solch aperspektivischer Schau entsteht nun jedenfalls keine Geschichtswissenschaft. Wer Geschichte denkt, denkt Distanzen, denkt Verschiedenheiten der Lage und des Wesens der Dinge. Die erste Annäherung an die Thematik der Geschichtswissenschaft zeigt dem offenen Blick nicht das zusammengehörige und mit sich selbst fraglos übereinstimmende Weltganze, sondern das Neben- und Hintereinander der Erscheinungen, die allesamt vieldeutig sind und ihre Verhältnisse zueinander — historische Erscheinungen ihrerseits — vorerst nur ahnen und stets auch bezweifeln lassen. Die Rede, daß all das Einzelne,

---

[2] *Meinecke, Die Entstehung des Historismus;* ebd. Bd. 3, hrsg. v. *Carl Hinrichs,* 1959, S. 596.
[3] Zusammenstellung bei *Georges Poulet, L'Espace proustien,* Paris 1963, S. 139 ff.

das so gesehen wird, der „geschichtlichen Erklärung" bedürftig und zugänglich sei, erweist sich als bloße Tautologie und offenbart ihre methodische Untauglichkeit immer von neuem. Denn die „geschichtliche Erklärung", das heißt eben der Nachweis von Zusammenhängen zwischen den heterogenen Erscheinungen, kann selbst von nichts anderem als von diesen Erscheinungen ausgehen. Von einem Zusammenhängen als solchem auf die Zusammenhänge zu schließen, würde bedeuten, daß man von vornherein die Geschichte als homogenes Ganzes, das Wesen der Dinge als dessen eigne Substanz vorstellte. So erklärt die „historische Erklärung" einzig sich selber.

Das Bronzemedaillon mit dem Bild eines bärtigen Mannes, dem Namen des Kaisers Septimius Severus und dem Prägedatum 194 n. Chr. ist, dem Sprachgebrauch nach, „ein Stück Geschichte"; der Sache nach ist es ein Stück Metall. Das Stück Metall ist insofern „ein Stück Geschichte", als es etwas aussagt. Was sagt es nun zuverlässig aus? Man würde antworten: es stellt den Kaiser Septimius Severus dar im Jahr nach seiner Thronbesteigung und im Jahre des Entscheidungskampfes gegen seinen östlichen Rivalen Niger bei Issus, stellt ihn dar als Sieger mit dem Lorbeerkranz, mit einer Andeutung von Schild und Speer, im übrigen als einen Mann in mittleren Jahren mit lockigem Vollbart nach dem Vorbild von Juppiterbüsten... Sagt das Medaillon uns all dies? Es sagt nichts dergleichen. Nicht nur verrät es uns mit keinem Wort, ob der Severer aussah, wie man sich Juppiter auszumalen pflegte; es macht auch keine Andeutung darüber, ob es diesen Kaiser wirklich zeigen sollte — idealisiert oder naturgetreu. Und es teilt uns ebensowenig mit über den Regierungsbeginn des Herrschers, über seinen Sieg bei Issus, über die Bedeutung des Lorbeerkranzes und die ikonographische Herkunft des Bartes; selbst das Datum gibt es heute nur noch dem Kenner an. Das Stück Metall „sagt" überhaupt nichts, was das Vorverständnis nicht erschlossen haben müßte.

So gilt auch, daß unsere Annäherung an die Thematik der Geschichtswissenschaft dem offenen Blick nicht die „Stücke" des Rohmaterials in ihrer unabsehbaren Zersplitterung vorweist, nicht ein mit Münzen und Schriften, Vasen und Gürtelschnallen gefülltes „Musée imaginaire", sondern die Reihe der Erscheinungen, welche je schon sich aufgebaut haben über den Zeugnissen, durch die wir uns ihrer versichern. Und so führt auch die Rede, daß das historische Wissen aus Einzeldaten zusammengesetzt sei, nicht auf den wahren Sachverhalt. Denn die Quelle gibt uns nur jenen Bruchteil von Kenntnis preis, der sich in die größere Einheit unserer Vorstellung einfügt, und das fraglos mit sich übereinstimmende

Datum wird uns erst lesbar durch den Bezug auf eine uns perspektivisch erschlossene — dabei allerdings sehr wenig „fraglose" Erscheinung. Die Zahl 194 gerät in den Bereich des Problematischen, sowie sie ein Jahr der Geschichte bezeichnet; 194 ist 194 — aber das Jahr? Die beiden Wörter, die den Namen Septimius Severus bilden, verfallen der kaum überwindbaren Ungewißheit, die alles Personhafte einschließt. „Septimius Severus ist Septimius Severus": das bedeutet gar nichts oder eine Dreistigkeit; schon daß es „war" heißen müßte, weist ins Absurde, denn der Satz der Identität läßt sich nicht konjugieren.

Die Geschichtswissenschaft hat es mit fragwürdigen Besonderheiten im Ganzen der Welt und nicht mit diesem Ganzen zu tun; sie hat es mit fragwürdigen Einheiten und nicht mit ihren Splittern, Spuren und Zeichen zu tun. Ihre Gegenstände mögen sich der verknüpfenden Betrachtung zuletzt als Teile eines mit sich übereinstimmenden Universums darstellen, und die Zergliederung kann sie in ihren Bruchstücken „identifizieren"; doch so, wie sie uns perspektivisch erscheinen, sind sie nicht teilhaft und sind nicht teilbar, sind individuell. Thema der Geschichtswissenschaft ist das Individuum. Das hat man oft schon gesagt. Und *Meinecke* hat seinem Werk über die Entstehung des Historismus jene *Goethe*-Stelle zum Motto gegeben, die das Wort *Individuum est ineffabile* in Erinnerung ruft. Was heißt aber dieses Wort? Es heißt, daß sich das Individuum nicht sagt — daß es der Selbstmitteilung der Identität entzogen ist, daß es sich zwischen den beiden Extremen universaler und infinitesimaler Übereinstimmung hält, zwischen diesen beiden Grenzen, im Raum der Geschichte.

Was uns in diesem Raum begegnet, erfassen wir demnach fürs erste als unteilbare Erscheinung. Die historische Erscheinung sagt uns wesentlich nicht, was sie ist. Nur bei menschlichen Individuen können wir mit der Möglichkeit rechnen, daß sie uns Angaben über sich selbst machen. Viel Verlaß ist bekanntlich nicht auf sie. Wenn Karl V. wie Franz I. sich Schützer der Christenheit nannten, beide sich aber erbittert bekämpften, weist uns das auf die Notwendigkeit, ihre Rollen nach eigenem Urteil zu sehen; umgekehrt findet man keine großen Heiligen, die sich selber als solche bezeichnet hätten. Wichtiger, für die Arbeit entscheidend, ist dann die indirekte Selbstcharakteristik in Äußerung und Verhalten, durch die sich uns die Personen darstellen. Aber vor aller Arbeit steht die Erscheinung schon da, ob Person oder Gemeinwesen, ob Zustand oder Ereignis. Und was tut nun die Arbeit? Sie bereinigt die Perspektive.

Das Medaillon „spricht" uns von Septimius Severus mit der Ausführlichkeit, die unser Vorverständnis bewältigt; es sagt uns desto mehr, je genauer wir ihm seinen Platz in der römischen Kaisergeschichte und in der Münzgeschichte anweisen können; und je besser wir begreifen, wer Septimius Severus war. Gilt auch das Umgekehrte: daß wir den Kaiser, die Zeit um 200, das spätrömische Münzwesen desto besser begreifen, je aufmerksamer wir dieses Medaillon betrachten? Offenbar nicht. Das Medaillon — darin liegt seine hilfswissenschaftliche Zuverlässigkeit — teilt sich selber mit; als quellenkundliches A ist es nur dieses selbe A; und solche Identität ist aperspektivisch. Die Geschichtswissenschaft arbeitet aber auf eine perspektivische Identität hin; sie sucht Übereinstimmung im zeitlichen Raum — nicht Deckung. Wenn in ihr von Septimius Severus die Rede sein soll, so muß unter Gesprächspartnern, allenfalls auch zwischen Autor und Leser, eine Verständigung vorbereitet und angebahnt sein, die nun weiterentwickelt wird auf Übereinstimmung hin: Übereinstimmung in Sachen des Septimius Severus. Das kann nicht heißen, zwei Forscher kämen am Ende dazu, das selbe Bild dieses Kaisers vor Augen zu haben; es kann aber heißen, sie stimmten darin überein, daß jeder von seinem Ort auf Septimius Severus blicke. Man wird auch nicht glauben, ein Leser könne sich von Septimius Severus die Vorstellung aneignen, die ein Darsteller der Geschichte Roms sich erarbeitet hat; man darf aber annehmen, es sei ihm möglich, seine eigene Blickrichtung zu der des Darstellers in Relation zu bringen.

Relation, Beziehung: nur an sie kann das historische Sehen sich halten, nachdem es sich von den antiquarischen Funden gelöst hat und bevor es den Bau des gewordenen und noch werdenden Universums zu erschließen sich unterfängt. An Beziehungen orientiert zu sein, setzt aber voraus, daß ein eigener Standort verläßlich gegeben sei im Raum der Geschichte, welcher die Zeit der Geschichtswissenschaft ist. Auf Septimius Severus blicken heißt: eine Distanz mit dem Blick durchmessen, an der sich nichts ändern läßt. In solchem Durchmessen vollziehen wir jene Zeitigung, durch die wir Vergangenes — stets aber auch eigene Gegenwart — in den Stand des Erinnerten, des Gewesenen bringen. Es ist je unsere Zeitigung, die wir an unserem Ort vornehmen, und die Distanz, die uns von dem römischen Kaiser trennt, wird je von uns auf unsere Weise erfahren; der eine erlebt sie als kurze 1770 Jahre, der andere als lange 1770 Jahre, dieser als breite, jener als schmale Zeitbahn; aber kurz oder lang oder wie immer erlebt, ist und bleibt sie die Dimension unserer Betrachtung des Kaisers.

Der Distanz gilt die leichteste, erste Verständigung. Niemand bestreitet uns unsere Standorte (solange wir sie nur selbst nicht verleugnen), niemand ficht den des Septimius Severus an. Freilich, je mehr wir den Standortbegriff zu vertiefen trachten, je weiter wir von bloßer chronologischer Distanz in Wesensverschiedenheiten vordringen möchten, desto breiter wird das Feld der Übereinkunft, desto schwieriger sie selbst. Ist sie nicht schlechthin unmöglich? Man könnte es bisweilen vermuten. Wer eine gedrängte Zusammenstellung all dessen liest, was in fünfhundert Jahren zur Charakteristik und Würdigung Karls des Großen gesagt worden ist[4], muß erkennen, daß durch die Wechsel der Auffassung hin kaum irgendein Urteil *nicht* laut wird — von den sachbezogenen Kontroversen nur erst zu schweigen. Dennoch: wenn in dem selben Zeitraum, welcher die gegensätzlichen Meinungen über Karl den Großen hervorgebracht hat, der Name dieses Herrschers gesprochen oder geschrieben wurde, bestand immer völlige Klarheit darüber, wer gemeint war. Nach der Beschreibung, der Deutung hätte wohl mancher den Karl des anderen nicht erkannt. Doch nach den Grundmerkmalen, von denen die hagiographische Forschung ausgeht — Name, Ort, Zeit —, erschien er sicher und selbstverständlich stets als der selbe. Solche Übereinstimmung — die noch in Reichweite des Satzes der Identität (bezogen auf Wörter, Zahlen) sich hält — bildet den Rahmen zum perspektivischen Bild des Vergangenen.

Wie entsteht nun im Rahmen das Bild? Über Septimius Severus sagt sein Biograph in der *Historia Augusta*, *Aelius Spartianus*, er habe als Kind nur ein Spiel gekannt, nämlich als Richter aufzutreten[5]. Schlägt man das entsprechende Kapitel in der *Römischen Geschichte* von *Ernst Kornemann* nach, so ist man keineswegs überrascht, diese Angabe nicht wiederzufinden; die Herrschaft des Septimius Severus wird hier unter das Stichwort der Militarisierung gestellt, ganz unbiographisch auf den Gesamtverlauf der Kaisergeschichte bezogen[6] — doch auch dem Bild der Person, das bei *Kornemann* immerhin durchschimmert, könnte man den von *Aelius* überlieferten Zug durchaus nicht ein- oder anfügen, er stammt gleichsam schon materialmäßig aus einem völlig andern Bereich. Und nun steht dort Septimius Severus, und hier steht der Leser einer

---

[4] *Arno Borst, Das Karlsbild in der Geschichtswissenschaft vom Humanismus bis heute;* Karl der Große, Lebenswerk und Nachleben, hrsg. v. *Wolfgang Braunfels*, Bd. 4, Düsseldorf 1967, S. 364 ff.
[5] *Historia Augusta*, X, 1, 4.
[6] *Ernst Kornemann, Römische Geschichte*, 3. Aufl., Stuttgart 1954, Bd. 2, S. 301 ff.

antiken Quelle und einer modernen Darstellung. „Das Individuum", sagt *Dilthey,* „ist gleichzeitig ein Element in den Wechselwirkungen der Gesellschaft, ein Kreuzungspunkt der verschiedenen Systeme dieser Wechselwirkungen, in bewußter Willensrichtung und Handlung auf die Einwirkungen derselben reagierend, und es ist andererseits anschauende, forschende Intelligenz[7]." In dieser Doppelstellung verrät sich das Wesen der Geschichtlichkeit — und zwar der menschlichen. Der erlebte, „vergegenwärtigte" Pluralismus der Standorte ist nun wohl wirklich einer Existenzstruktur eigen, zu welcher das Tier auch bei einem Höchstmaß an Individuation und an gesellschaftlicher Differenzierung nicht vorstößt — von welcher sich etwa die Perfektion von Insekten-„Staaten" im Gegenteil zu entfernen scheint[8]. Denn solche Ordnung erlaubt und erfordert am Ende nur noch das Durchspielen unvertauschbarer Rollen, ohne Abwandlung oder „Wechselwirkung", woraus sich neue Konstellationen zwischen den Individuen herstellen könnten. Das tierische Leben ist in dem Sinne geschichtlich, daß es sich durch die Zeit hin entwickelt, in ihr ein unfehlbares Ineinandergreifen von Verhaltensweisen zu kompliziertesten Organisationsformen steigert, daneben auch Einzelexistenzen von geradezu personhafter, einmaliger Prägung hervorbringt; aber es schafft den Zusammenhang nicht, durch den sich die Individuen in unaufhörlichem innerem Stellungswechsel über den geschichtlichen Raum hin zueinander verhalten.

Die menschliche Geschichtlichkeit gründet in perspektivischer Individuation. *Dilthey* sagt nichts anderes, wenn er vom Individuum als einem Kreuzungspunkt spricht. Die „Systeme", die zahllosen Weisen der Vergegenwärtigung, durch die der Mensch sich Vergangenes — unter Preisgabe der im Vergessen ruhenden Ganzheit dieses Vergangnen — erschließt, durch die er sich selbst in die zeitliche Erstreckung einordnet und durch die er anderen zugänglich wird, diese Systeme bestimmen in ihren „Wechselwirkungen" das Bild der Geschichte. Der Knabe, der im Kreis seiner Gespielen den Richter macht und so zu erkennen gibt, daß er einst richten wird über Untertanen, ist Septimius Severus in einem solchen System. Der gewalttätige Halbbarbar, der das römische Kaisertum zur Soldatenherrschaft umbildet, ist Septimius Severus in einem solchen System. Der Leser jener antiken Biographie und dieser moder-

---

[7] Wilhelm Dilthey, *Über das Studium der Geschichte der Wissenschaften vom Menschen, der Gesellschaft und dem Staat;* Gesammelte Schriften, Bd. 5, 2. Aufl., Stuttgart 1957, S. 63.
[8] Vgl. *Plessner,* a.a.O., S. 291 f.

nen Darstellung hält als „forschende Intelligenz" Ausschau nach Septimius Severus als einem „Kreuzungspunkt" zweier Systeme. Nur daß die Systeme hier einander so fremd sind, daß sie kaum zu äußerlichster Übereinkunft gelangen und sich in der Erscheinung nicht treffen. Nur daß Septimius Severus, als „Element in den Wechselwirkungen der Gesellschaft", ein Kreuzungspunkt noch ganz anderer, bekannter und unbekannter Systeme war. Nur daß der Leser sein eigenes System der Betrachtung mitbringt; und daß er auch selber ein Element in den Wechselwirkungen der Gesellschaft, ein Kreuzungspunkt von Systemen ist.

Geometrische Lösungen gibt es für die Probleme dieses historischen Beziehungswerks nicht. Zwischen dem Septimius Severus der *Historia Augusta* und dem Septimius Severus *Ernst Kornemanns* läßt sich keine Mitte errechnen, sowenig wie zwischen zwei Kriterien der Betrachtung oder zwei Lebensmomenten beim Betrachter oder bei dem Betrachteten. Denn vor allem darf man die Konstellationen im geschichtlichen Raum nicht als fest gegeben verstehen. Alles ist hier Bewegung, alles Vollzug; daß die menschlichen Verhältnisse — im Gegensatz zu den tierischen — immerfort revidierbar sind, das eben macht ja das Wesen unserer Geschichtlichkeit aus. Die Rede, daß die Geschichte wieder und wieder geschrieben werden müsse, drückt vergröbernd diese Bewegtheit des geschichtlichen Bildes im Rahmen der datenmäßigen Übereinstimmung aus.

So gelangen wir zu dem andern Begriff der Identität, welchen wir bei der Geschichtswissenschaft wohl vermuten mußten, zu einem Begriff, den der Satz der Identität nicht faßt, dessen perspektivischer Sinngehalt diesem Satz nicht gemäß ist. Septimius Severus „ist" nicht Septimius Severus. Sondern Septimius Severus erscheint: wurde und wird immer wieder Erscheinung, fortwährend neue, aber fortwährend *seine* Erscheinung. Er erschien und erscheint in jedem Jahr und an jedem Ort, für jeden Betrachter anders; doch stets ist er es, der jetzt oder damals, dort oder hier erscheint. Indem er erscheint, wird er immer nur teilweise sichtbar; aber er selbst teilt sich nicht, wir sehen einen Teil, den uns zugänglichen, eines Individuums, nach dessen unteilbarer Ganzheit wir fragen. Als „anschauende, forschende Intelligenz" sehen wir ihn bald so, bald so, wir machen uns heute ein anderes Bild, als wir es uns vor zehn Jahren machten; aber *unser* Bild, jetzt wie damals; unsere Wahrnehmungen sind unvollständig, aber stets ist es unser ganzes Selbst, das wahrnimmt, das zu dem einen, unteilbaren Septimius Severus hinüberblickt. Das ist geschichtliche, perspektivische Identität.

Fester Rahmen — bewegtes Bild. Wir sahen, wie eindeutig jener bestimmt, und sehen, wie provisorisch dieses entworfen wird. Und doch liegt hier, im Bereich der Entwürfe, der perspektivischen Auseinandersetzung, die eigentliche Aufgabe der Geschichtswissenschaft. Die meßbaren Distanzen im geschichtlichen Raum werden einmal gemessen, die eruierbaren Namen werden einmal ermittelt sein; das sind notwendige, jenachdem anspruchsvolle, jenachdem reizvolle, aber unspezifische Vorarbeiten. Die Geschichtswissenschaft lebt nicht in ihren „gesicherten Erkenntnissen", sondern in ihren vorübergehenden Wahrnehmungen. Sie lebt, beispielsweise, in einem Bild des Septimius Severus, das von einem bestimmten Standort her, über eine bestimmte Distanz hin, eine perspektivische Ansicht des Unteilbaren, des Individuums, rein vermittelt. Der Standort und die Distanz konnten einmal so beschaffen sein, daß Septimius Severus als einer erschien, der in frühester Jugend das feste, das wieder- und wiederkehrende Muster des Herrschertums aufwies; als einer, in dem die Berufung sich ankündigte zu einem Amt, das persönliche Züge übersteigt und verdrängt. Aber die Betrachtung kann nun von einem so vollkommen anderen Punkt aus erfolgen, daß Septimius Severus als einer hervortritt, der durch Herkunft, Erziehung, Machtmöglichkeiten, allgemeinen Entwicklungsstand, Temperament, politische Zielsetzung, militärisches Können dazu gelangt, seinen persönlichen Beitrag in einer Abfolge von vielen persönlichen Beiträgen an die Geschichte des römischen Staates zu leisten. Aus einem solchen Bild scheidet die Nachricht vom kindlichen Spiel des künftigen Kaisers als unspezifisch und unglaubwürdig, als Topos aus; so eben wird die Perspektive bereinigt.

Gewiß wird man feststellen, daß solch verschiedene Konzeptionen auch verschieden wissenschaftlich sind. Oder sollte man sagen: daß unsere Konzeption einer wissenschaftlichen Auseinandersetzung mit dem Historischen nicht nur an eine Perspektive gebunden ist, sondern auch an die Geltung dieses Begriffs, gleichsam an die Perspektive der Perspektive? Es würde künstlich wirken und nirgendhin führen, wenn wir erklärten, *Aelius Spartianus* sei „auf seine Weise" ebenso wissenschaftlich gewesen wie etwa *Ernst Kornemann*. Man sieht aber hier, daß der Begriff der Perspektive, der auf den ersten Blick „relativistisch" anmuten könnte, die Betrachtung im Gegenteil vor dem Relativismus schützt; daß eben durch ihn die Geschichtswissenschaft zur Beständigkeit in der Flucht ihrer Entwürfe kommt. Der Gesichtspunkt des Überindividuellen, wie das Berufungsmotiv ihn bei *Aelius* ausdrückt, wird für sie zur historischen Erscheinung, integriert sich dem Stoff, rückt selbst in die Perspektive, wird von uns als Moment des Individuellen gezeitigt. Daraus geht nicht hervor, daß die Wissenschaft, die wir kennen und der wir (mit mehr oder weniger ausgebildetem Methodenbewußtsein) obliegen, einzig möglich und gültig sei. Es ergibt sich vielmehr, daß diese Wissenschaft ihre Zeit hat, im doppelten Sinn: sie geht mit der Zeit um, als die sie den Raum der Geschichte versteht, und sie lebt in der Zeit, in dem Zeitalter, da sich der Mensch perspektivisch zum Individuellen verhält und in solchem Verhalten seine Geschichtlichkeit realisiert. In der Zeit der Perspektive leben wir in der Perspektive der Zeit.

II.

„Jede großartige Tätigkeit", sagt *Ranke* in seiner Vorrede zu dem Band *Historisch-biographische Studien*[9], „erwächst in dem Mitgefühl mit den allgemeinen Gegensätzen, welche die Welt immer entzweien; sie entfaltet sich inmitten des Kampfes der vorherrschenden Gewalten. Der Anteil, den ein bedeutender Mann an demselben nimmt, beruht allerdings auf seinen innersten Impulsen, aber zugleich auch auf den Umständen, unter denen er in die Handlung eintritt. Der Widerstand, den er findet, entspringt aus den bestehenden Verhältnissen, der Macht der Bildungen, welche im Laufe der Zeit unter analogen Wirkungen und Gegenwirkungen zu Stande gekommen sind und das gemeinschaftliche Leben der Zeitgenossen und des Gemeinwesens hervorbringen. Der Kampf kann nie vermieden werden; er ist eine Notwendigkeit." So stehen sich, in einem einfachen System, Person und Zeitordnung gegenüber, und durch sie „bekämpfen sich Freiheit und Notwendigkeit. Die Freiheit erscheint mehr in den Persönlichkeiten, die Notwendigkeit in dem Leben des Gemeinwesens. Aber ist wohl die erste eine vollkommene, und die andere, wäre sie eine unbedingte"[10]?

„Freiheit" und „Notwendigkeit" dienen als Richtpunkte einer historischen Perspektive; ihre idealistische Herkunft liegt am Tage, wir betrachten sie aber hier nicht geistesgeschichtlich, sondern als gleichsam technisches Hilfsmittel der Menschendarstellung. *Ranke* druckt in dem genannten Band seine *Kritische Abhandlung zur Geschichte des Don Carlos* von 1829 wieder ab, die neben der Schrift *Die Verschwörung*

---

[9] *Ranke*, Sämtliche Werke, Bd. 40/41, Leipzig 1877, S. V.
[10] Ebd. — Vgl. *Leonhard von Muralt, Zum Problem „Freiheit und Notwendigkeit" bei Ranke;* Der Historiker und die Geschichte, Zürich 1960, S. 30 ff.

gegen Venedig im Jahre 1618 von 1831 seine methodisch aufschlußreichste Arbeit ist, und läßt ihr (1877) eine *Geschichte des Don Carlos* folgen. Dabei wendet er sich einem Gegenstand zu, der den Anblick freier Entfaltung nicht oder kaum gewährt, sondern einerseits geradezu sehen läßt, „wie die rechte Entwicklung nicht vor sich geht", anderseits einen dominierenden weltpolitischen Horizont dartut, in welchem das Individuum, „sich in sich selbst verzehrend", vergeht[11]. Dem Stoff nach findet hier also *Rankes* Aussage über „großartige Tätigkeit" keine Anwendung. Ein Grenzfall ist gegeben, bei dem sich die Waage ganz auf die Seite des Widerstandes, der gegebenen Machtverhältnisse neigt und die Person kein ausgleichendes Eigengewicht einzusetzen vermag.

Der Austrag zwischen „Freiheit" und „Notwendigkeit" wird so zu einem ungleichen Kampf; beinahe ist er von vornherein schon entschieden. Aber aufgehoben ist er nicht. Für den Darstellungsprozeß ergibt sich nun zunächst, daß die Welt um Don Carlos in hohem Grade erschließbar, erkundbar, in zahllosen Zeugnissen vermittelt erscheint, während Don Carlos selber im Halbdunkel bleibt. Entsprechend einseitig läßt sich die Diskussion an: Die Lage, in der sich Philipp II., der Hof zu Madrid, Regierung und Reich von Spanien befanden, gibt sachlichen Kontroversen nur wenig Raum, mag auch das Urteil verschieden ausfallen; nur, was um und gegen Don Carlos vorgekehrt wurde — und warum —, ist teilweise strittig, solang sich sein eigenes Verhalten nicht klärt; und darüber eben, was er getan und geplant habe, gehen die Mutmaßungen weit auseinander. Soviel wird indes alsbald deutlich, daß sein Streben in irgendeiner Weise auf Freiheit gerichtet war. Dieser Begriff tritt demnach nicht nur in methodischem, sondern auch in thematischem Zusammenhang auf: Freiheit als Orientierungspunkt für die Perspektive, in der sich *das* Individuum zeigt, und Freiheit als Ziel, an welchem sich *dieses* Individuum orientierte.

Solche Lebensorientierung mußte aus einer Situation erfolgen, in der das „Notwendige" tief in die individuelle, also grundsätzlich der „Freiheit" zugeordnete Sphäre hineindrang. „Um das Innere eines Menschen kennen zu lernen, muß man auch nach seinem Namen und seiner Herkunft fragen, um so mehr, wenn diese etwas so Außerordentliches hat, wie bei Don Carlos von Spanien[12]." Schon objektiv ist also über das hier behandelte Individuum, mehr als über andre, verfügt; mit dem subjektiven Erlebnis der Einschränkung hat das noch nichts zu tun. Die

---

[11] *Ranke*, a.a.O., S. 493.
[12] Ebd. S. 493 f.

politische Stellung des Thronfolgers, sein Platz in der Dynastie und die Möglichkeiten einer Verbindung mit einem anderen Haus, all diese Momente erleichtern es dem Historiker, Don Carlos im geschichtlichen Raum zu lokalisieren, seinem Bild einen breiten, reich ausgeführten Rahmen zu geben. Noch ist der Bereich individueller Freiheit nicht anvisiert, er bleibt ausgespart, und der Betrachter nähert sich ihm vom „Notwendigen", also von dem her, was Don Carlos nicht ändern — wozu er sich aber in Bezug setzen kann und wird. Der Stoff drängt ein solches Verfahren dem Bearbeiter auf, und das Verfahren zeigt den besonderen Sachverhalt an, der im Stoff liegt: wie dicht Don Carlos von äußeren Gegebenheiten umschlossen ist. Nur von äußeren? Hier tritt in Kraft, was *Ranke* von der „Freiheit" sagt: daß sie „mehr in den Persönlichkeiten" erscheine, sich aber in ihnen nicht als „eine unbedingte" erweise. Don Carlos „stammelte immer und sprach niemals deutlich"; er war körperlich schwach und psychisch geschädigt, sein Leben eine einzige Krankheitsgeschichte[13]. Da sind wir unleugbar im individuellen Bereich, aber von Freiheit ist nichts zu merken; das „Notwendige", immer nach Rankes Sprachgebrauch, beherrscht nach wie vor das Feld. Der Persönlichkeitskern des Don Carlos muß schon zum Greifen nahegerückt sein, und noch ist die Betrachtung an vorgegebenen Daten orientiert, noch sind Erlebnis und Verhalten des Prinzen nicht thematisch geworden. Nun müssen wir folgende Sätze beachten:

„Auch abgesehen von der Krankheit möchte man fragen, ob bei Naturen, wie die des Don Carlos eine war, überhaupt von der Erziehung viel zu erwarten ist? An dem eingeborenen Naturell vermag die Erziehung nichts zu ändern. Vielleicht wäre es gar nicht einmal zu wünschen, daß sie es könnte: denn sie würde die ursprüngliche Individualität dem allgemeinen Begriff unterordnen; dieser allein würde leben, nicht das Individuum. Nur dafür kann sie sorgen, daß die Triebe den Grundlagen der menschlichen Gesellschaft nicht zuwiderlaufen und sie verletzen. Dann aber erscheint die Schwierigkeit, daß die Beschränkung, zu der man sich veranlaßt findet, das Übel leicht noch vermehrt. Widerstand gegen Beschränkung kann als eine Art Selbstverteidigung erscheinen, so daß die zurückgedrängte Begierde die Dämme durchbricht, die ihr entgegengesetzt werden, was da besonders der Fall ist, wo eine großartige, durch die Geburt gebotene Stellung aller gewöhnlichen Rücksicht spottet[14]."

---

[13] Ebd. S. 495 ff.
[14] Ebd. S. 499.

Die allgemeine Form der Aussage täuscht nicht darüber hinweg, daß hier durchaus von Don Carlos die Rede ist. Aber was man für das Ziel der Betrachtung hätte halten können — das „eingeborene Naturell" — erscheint als ihr Ausgangspunkt, von ihm her wendet sie sich schon wieder zurück in den Geltungsbereich der „Notwendigkeit". So eben gelangt die Methode in volle Übereinstimmung mit dem Stoff. Was sich inmitten der vorgegebenen, ererbten und weiterhin auferlegten Beschränkungen überhaupt noch hält, faßt das eine Wort „Widerstand". Don Carlos ist eingekreist vom Betrachter, wie er eingekreist war vom Leben selbst. Die Frage, wer er nun eigentlich sei und wo er sich noch *als er selbst* behaupte, war seine Existenzfrage, wie sie zuletzt die Kernfrage des Historikers ist. Objektive und subjektive Identität entscheiden sich an dem einen Punkt: Wie leistete er —wie leiste ich — Widerstand? Und die Tragik des Prinzen spiegelt sich in dem einzigen wirklichen Forschungsproblem: Man weiß nicht sicher — wußte *er* sicher? — was er wollte.

Hier also bahnt sich die Antwort an, die der Darsteller nicht von der Seite der „Notwendigkeit", sondern von der Seite der „Freiheit" her geben muß. Hat Don Carlos dem König, seinem Vater, nach dem Leben getrachtet, ist dieser Plan durch den Geistlichen, dem er beichtete, an den Tag gekommen, hat man den Prinzen deshalb in Gewahrsam genommen und später beseitigt? Wie weit ist sein Einverständnis mit den niederländischen Rebellen gegangen? Hat er überhaupt politisch gedacht? Welche Rolle kann sein Wunsch, eine Tochter des Kaisers zu ehelichen, gespielt haben? Wieviel Gewicht soll man seinen Fluchtplänen geben? Bleibt nicht die offizielle Version zuletzt die wahrscheinlichste, daß sein Verhalten, ohne unmittelbar staatsgefährlich zu sein, doch weithin Ärgernis gab und erkennen ließ, daß Don Carlos zur Thronfolge niemals befähigt sein werde; daß man ihn deshalb unter Arrest stellte; daß Krankheit, Trotz und Verzweiflung dann seine letzte Lebenskraft aufgezehrt haben?

Für diese Version entscheidet sich *Ranke*. Sie überzeugt durch ihre Übereinstimmung mit Dokumenten, auf die der Historiker sich mit Recht verläßt oder abstützt. Aber sie würde nicht ganz überzeugen, wenn sie nicht auch mit einem Bild der Persönlichkeit des Don Carlos übereinstimmte. Tatsächlich stimmt sie überein mit jener Vorstellung, nach der dem Prinzen nur ein Widerstand gegen die Beschränkung als solche, die schon in seiner ganzen Lebenssituation angelegt war, zu leisten blieb; ein Widerstand, der sich naturgemäß gegen den Vater als den Garanten dieser Beschränkung richten mußte, aber ein Ziel des Handelns nicht zu fassen vermochte. Die Suche nach einer Gestalt der Vergangenheit führt so zum Bild eines Menschen, der selbst nicht unmittelbar zu sich gefunden hat, sondern sich gleichsam nur an den Hindernissen erfährt. Die Methode — nicht *Rankes* Methode schlechthin, aber die hier verwendete — folgt diesem Umweg zur Identität, indem sie die Flucht der „notwendigen" Schranken um den Raum der persönlichen Freiheit zur Perspektive der Darstellung macht.

„Nehmen wir an", sagt *Renan* in seinem *Leben Jesu*, „drei oder vier alte Soldaten des Kaiserreichs hätten sich vor fünfzehn oder zwanzig Jahren ans Werk gemacht — jeder hätte nach den eigenen Erinnerungen das Leben Napoleons dargestellt. Es ist klar, daß ihre Erzählungen manche Irrtümer und beträchtliche Widersprüche aufweisen würden ... Aber eines würde gewiß mit einem hohen Grad an Wahrheit aus diesen naiven Berichten hervorgehen, nämlich der Charakter des Helden, der Eindruck, den er auf seine Umwelt machte[15]." Der perspektivische Zugang zur Gestalt Jesu wird so durch einen betont profanen Vergleich erläutert, der Quellen- und Stellenwert der Evangelien drastisch bestimmt. An anderen Beispielen demonstriert *Renan* danach, wie unvermeidlich das Bild jedes Helden nach dessen Tod im Gedächtnis sich wandle; die historische Einzigartigkeit Christi liegt für ihn nicht in seiner postumen Verklärung, sondern in seinem überragenden moralischen Rang: „Stellen wir also die Person Jesu auf den höchsten Gipfel der menschlichen Größe[16]."

Der kühne Versuch, über Jesus von Nazareth so zu schreiben, wie man über Alexander den Großen oder — als Nichtmohammedaner — über Mohammed schrieb, mußte die traditionelle Bahn des Rückblicks mit einem kräftigen Stoß verschieben. Die Aufgabe war nun nicht — wie für den Biographen des Don Carlos —, einen individuellen Bereich einem wohlbezeugten Allgemeinzustand abzugewinnen; sie bestand vielmehr darin, vom überquellenden Überlieferungsbild eines Lebens die Züge eines weiteren, eines alltäglich-realen Milieus abzusondern. Sogleich trat aber dieser gesuchte Rahmen seinerseits unter das Gesetz der Perspektive. Das Zeitalter Jesu, aus dem das prophetische Amt, das Zeugnis, das Opfer ja doch hervorgehen mußten, stellte sich dar als eine der „heroischen Epochen des menschlichen Wirkens", in denen „man"

---

[15] *Ernest Renan, Vie de Jésus* (1863, 13. Aufl. 1864); Oeuvres Complètes, hrsg. v. *Henriette Psichari*, Bd. 4, Paris 1949, S. 74.
[16] Ebd. S. 365.

vom Schaffott zur Apotheose gelange. Die Parallele lag nahe: „Außer der Französischen Revolution ist kein Lebenskreis der Geschichte so sehr wie der, in dem sich Jesus heranbildete, fähig gewesen, die verborgenen Kräfte hervorzuentwickeln, welche die Menschheit im stillen bereithält und welche sie nur in Tagen des Fiebers und der äußersten Bedrohung erkennen läßt[17]."

Eine Heldenzeit — ihre Schilderung hatte gewiß nicht den Zweck, das Leben und Handeln Jesu zu „erklären"; aber doch, es einzustufen und nicht von vornherein als Einbruch in alle Tagesordnung zu deuten. Die Erinnerung an die Französische Revolution trug dabei nicht weiter als bis zu den allgemeinen Merkmalen großer, erregender Vorgänge und übersteigerter Stimmungen. Viel tiefer führte eine andere, weniger ausdrückliche Assoziation in *Renans* Thematik hinein. Indem er die bäuerlich-friedliche Atmosphäre von Galiläa heraufbeschwor und nicht müde wurde, das Lebensgefühl seines Helden von ihr herzuleiten, indem er dem Wirken Christi vor seinen letzten, schwersten Auseinandersetzungen einen bukolischen Anstrich gab, bezog er sich auf das lichte Bild des umbrischen Landes, das je schon als Hintergrund zur Vita des heiligen Franz von Assisi gedient hatte. Ein legitimer Zugang: denn erstens glichen die Szenerien sich wirklich, und zweitens ging durch die Existenz des Franziskus soviel „Imitatio Christi", daß sie den Blick auf das große Vorbild hinlenken konnte. So war freilich auch wieder Perspektive im Spiel, und Brechung des Unvergleichlichen durch den Vergleich — der über Franziskus hinaus ins Breitere auslaufen konnte: wenn etwa *Renan* der bekenntnishaften Zuwendung zu den Armen mit der einigermaßen flachen Formel gerecht werden wollte, Jesus habe „wie alle großen Männer" Geschmack gefunden am Verkehr mit dem einfachen Volk[18].

Der Weg zur Individualität Christi — zu seiner unteilbaren innern Gestalt — mußte aber notwendig über solche mehr oder weniger unzulängliche, mehr oder weniger unangemessene Entsprechungen und Vergleiche führen, wenn er überhaupt ein Weg, eine kontrollierbar-perspektivische Annäherung und nicht eine alles überflügelnde Begegnung, eine aperspektivische Konfrontation mit dem schlechthin Unvergleichlichen und also historisch-kritisch gar nicht zu Fassenden sein sollte. Eine andere als eine behelfsmäßige Methode ließ *diese* Zielsetzung bei *dieser* Sachlage nicht zu. „Das Talent des Historikers besteht darin", sagt *Renan*, „ein wahres Ganzes aus Zügen zu schaffen, die nur zur

---

[17] Ebd. S. 113.
[18] Ebd. S. 200.

Hälfte wahr sind[19]." Und näherhin: „Bei einer solchen Bemühung, die hohen Seelen der Vergangenheit wieder zum Leben zu erwecken, muß ein bestimmtes Maß an ahnender und ergänzender Vermutung erlaubt sein. Ein großes Leben ist ein organisches Ganzes, das sich nicht durch die einfache Anhäufung kleiner Umstände wiedergeben läßt. Eine tiefe Empfindung muß das Ganze umfassen und es zur Einheit gestalten[20]." Sätze, die mit Bezug auf irgendeine Biographie nicht allzuviel aussagen würden, die aber im Hinblick auf ein „Leben Jesu" manches verraten. Natürlich zunächst eben dies, daß hier nach gängigen Maßstäben der profanen, allenfalls der hagiographischen Lebensbeschreibung gedacht wird. Dann, daß anderseits solche Biographik nicht ohne Weihe erscheint...

Zug und Gegenzug. Folgt man vorerst der Tendenz zu einem „säkularisierten" Christusbild, so stößt man alsbald auf *Renans* Weigerung, die von Jesus laut übereinstimmendem Zeugnis der Hauptquellen verrichteten Wunder in seinen Bericht aufzunehmen. Ein wissenschaftlicher Historiker kann nicht von Wundern erzählen; denn nie hat sich ein Wunder einwandfrei nachweisen lassen[21]. Das ist ein methodischer Grundsatz — und hat als solcher nicht nur methodische Konsequenzen. Denn es zeigt sich, daß Christus, wie *Renan* ihn darstellt, nur ungern und um seiner Wirkung nicht Abbruch zu tun, als Thaumaturg auftrat; weil die vermeintlichen Wunder ihm peinlich waren, suchte er sie geheimzuhalten[22]. Was in der spätern Legendenliteratur zum Bescheidenheitstopos geworden ist, deutet demnach auf den Geburtfehler des christlichen Wunders als einer Konzession an die Kleingläubigkeit. Diesem Bereich im traditionellen Christusbild gesteht *Renan* nicht einmal subjektive Realität zu. Im Ganzen verfährt er jedoch, getreu seiner wissenschaftlichen Zielsetzung, nach dem Prinzip, überlieferte Glaubenstatsache auf persönliche Überzeugung zurückzuführen. Als Historiker hat er nicht auszusagen, Jesus Christus sei Gottes Sohn; er hat aber darzulegen, wie Jesus zu der Gewißheit, Gottes Sohn zu sein, nach der Logik seiner innern Entwicklung gelangt sei. So beschreibt er ihn, beispielsweise, als einen Menschen, der „niemals einen ganz festen Begriff davon hatte, was die Individualität ausmacht"[23], der sich also beständig von höhern,

---
[19] Ebd. S. 30.
[20] Ebd. S. 81.
[21] Ebd. S. 15 f.
[22] Ebd. S. 249.
[23] Ebd. S. 275.

göttlichen Kräften durchflutet wußte; die Existenz Christi wird damit zu einem gelebten „transzendenten Idealismus"[24], durch den sich *Renan* an Lamennais gemahnt fühlen kann.

Eben die Individualität, die für Christus selber ganz hinter seiner „Idee", seiner Vorstellung vom Reich Gottes, zurücktrat, ist das Thema des Biographen. *Renans* Bericht durchläuft infolgedessen zwei Phasen: eine erste, in welcher er die Person Jesu aus ihren Umweltbezügen hervorgehen läßt; und eine zweite, in der er den Träger der Botschaft von dieser Botschaft noch abzuheben versucht, bis er ganz in ihr auf-, als Person in ihr untergeht. Ein fruchtbarer Moment für die Darstellung ist das Abrücken Christi — nach *Renans* Verständnis — von Johannes dem Täufer: der Beginn des entschieden neuartigen Lehrens und Handelns, das nun allmählich messianische Züge annehmen wird, aber fürs erste im Licht einer individuellen Richtungswahl perspektivisch erscheint[25]. Der Moment hingegen, in welchem das Amt des Biographen fragwürdig wird, liegt in der Steigerung der Mission Christi aufs Absolute und zur persönlichen Katastrophe hin. Da beobachtet *Renan* „Anwandlungen von Strenge"; Jesus scheint nun „die gesunden Grenzen der menschlichen Natur zu verachten ... Das herbe und traurige Empfinden des Weltüberdrusses, der allzu harten Entsagung, das die christliche Vollkommenheit kennzeichnet, hatte zum Stifter nicht den feinen und heiteren Moralisten der ersten Tage, sondern die düstere Riesengestalt, die eine Art von großartigem Vorgefühl mehr und mehr über die Grenzen der Menschheit hinausriß"[26]. So wird Jesus dem Biographen fremd in dem Augenblick, da er sich den Gesetzen der Biographik entzieht.

Doch einen Augenblick vorher erreicht *Renans* Werk seine Höhe: dort, wo Jesus noch innerhalb menschlicher Ordnung die größten und schönsten Möglichkeiten erfüllt. Der gehobene Ton, der das Buch durchzieht und der Säkularisierungs- oder Profanierungstendenz entgegenzuwirken scheint, stammt aus einem Pathos des Humanen, welches dem Sakralen hin und wieder zum Verwechseln ähnlich klingt. Die Unterscheidung bleibt indessen klar und genau. „Diese erhabene Person, die noch heute über dem Schicksal der Welt steht", sagt *Renan,* „wir dürfen sie göttlich nennen; nicht als hätte Jesus alles Göttliche in sich aufgenommen oder als wäre er mit ihm identisch gewesen; sondern Jesus ist das Individuum,

---

[24] Ebd. S. 236.
[25] Ebd. S. 157.
[26] Ebd. S. 280.

das die Menschheit den größten Schritt zum Göttlichen hin hat tun lassen[27]." So gelangt der Historiker an das Ende seiner Kompetenz, wo die Perspektive zum Individuum und zum Menschlichen an den äußersten, weitesten Horizont stößt. Seine Wissenschaft verbietet ihm nicht, noch den Schritt über ihn hinaus zu vermerken; aber sie gibt ihm kein Mittel, zu sagen, wohin er führt.

Weder in *Rankes Geschichte des Don Carlos* noch in *Renans Vie de Jésus* ist ein polemischer Unterton zu überhören: hier gegen ein fundamentalistisches Verständnis der Evangelien, dort — gegen *Schiller*. Von dem großen Dramatiker hat sich *Ranke* auch in seiner Darstellung Wallensteins und in seinem Bericht über Maria Stuart distanziert. „... darin", schreibt er in der *Englischen Geschichte*, „liegt ein Vorteil der poetischen Darstellung, daß sie auch eine minder begründete Überlieferung annehmen und derselben folgend die Tiefen des Gemüts erschließen kann, jene Abgründe, in denen die Stürme der Leidenschaft toben und die Handlungen geboren werden, welche den Gesetzen und der Sittlichkeit Hohn sprechen und doch in der Menschenseele tiefe Wurzeln haben. Die Informationen, auf welche eine historische Darstellung angewiesen ist, reichen nicht so weit[28]..." Eine Abgrenzung, die sich in dieser Form und in diesem Fall nicht hätte vermeiden lassen und die überdies einem allgemeinen Bedürfnis entspricht: das in kritischer Arbeit gewonnene Bild des Vergangnen und ganz besonders des menschlichen Individuums zu behaupten gegen andersgeartete Versuche der Annäherung. Die historischen Gestalten müssen umkämpft sein; nur, sie zu *bekämpfen*, ist ein vulgärer Mißbrauch der Geschichtforschung.

Polemisch abgrenzend, noch schärfer und offener als die Autoren, bei denen wir uns zwei Beispiele holten, verfährt *Shaw* in seinem Stück *Saint Joan*. Der Verdacht, daß die Absonderung der dramatischen Kunst von der regulären Geschichtsbetrachtung auch diesen Text treffe, ist leicht zu entkräften. Die Szenenfolge über die Jungfrau von Orleans bildet eine historische Lektion, die in allen wichtigen Aussagen und in vielen illustrierenden Zügen auf den richtigen, richtig gedeuteten Quellen beruht; und das Vorwort erweist sich — bei allen Überspitzungen — geradezu als ein Muster dafür, wie „objektive" Geschichtschreibung auf geklärten, bereinigten Perspektiven beruht. Hauptziel der Polemik ist wiederum *Schiller*, dessen Johanna „nicht einen Punkt der Berührung

---
[27] Ebd. S. 370.
[28] *Ranke*, a.a.O., Bd. 14, 1877, S. 267.

mit der wirklichen Jeanne oder überhaupt mit irgendeiner sterblichen Frau hat, die jemals auf Erden wandelte". *Shaws* Absage an das „Melodrama" bildet die erste Voraussetzung seines Unternehmens. Selbst *Voltaires* Satire kann noch als weniger irreführend erscheinen, da sie doch immer einen festen Bezug zu einer, sei es auch unverstandenen, realen Vergangenheit zeigt[29].

Wenn *Renan* die Wundertaten des Heilands aus seiner Erzählung verwies, weil sie wissenschaftlich nicht nachweisbar seien, so bedient sich *Shaw* gegenüber den Wundern der Jungfrau eines bedeutend vorsichtigern Arguments: zwar sei der Glaube an ihre Visionen und „Stimmen" nicht abwegiger als so manche moderne Überzeugung; aber er selber sei nun einmal protestantisch und viktorianisch geprägt und könne darum die Form dieser Wundererscheinungen nicht anerkennen[30]. Eine Feststellung, die eben dank ihrer „Subjektivität" objektiver ist als die Berufung auf ein unbesehen als zeitlos gültig aufgefaßtes Prinzip. Zur Form der Wundererscheinungen gibt dann die erste Szene des Stücks den entscheidenden Hinweis. Johanna erklärt: „Ich höre Stimmen, die mir sagen, was ich tun soll. Sie kommen von Gott." Robert von Baudricourt wendet ein: „Sie kommen aus deiner Phantasie." Und Johanna antwortet: „Natürlich. So eben kommen die Botschaften Gottes zu uns." Zuvor schon ist von ihr gesagt worden: „She is so positive ..." und: „... das Mädchen ist selbst so eine Art Wunder." Das alles läuft auf ein erstes Hauptelement der Charakterisierung hinaus, wonach Johanna die „wunderbare" innere Kraft hat, ihre Einsichten mit allen Zeichen absoluter Gültigkeit zu empfangen und zu vermitteln.

Entscheidend ist, daß diese Einsichten wirkliche Einsichten und dem gesunden Menschenverstand vollkommen gemäß sind. „Ich würde dich", sagt Dunois in der fünften Szene zu Jeanne, „für leicht verrückt halten, wenn ich nicht bemerkt hätte, daß du mir sehr vernünftige Gründe angibst für das, was du tust"[31]. Und darauf muß Jeanne zwar erwidern, zuerst komme immer die Weisung der „Stimmen", die Gründe müsse sie nachträglich finden, um ihre skeptische Umwelt zu überreden. Doch diese Erklärung hält nur jener andern die Waage, die in der zweiten Szene der Erzbischof ihrer ungewöhnlichen Überzeugungskraft gibt: „Ein Wunder", sagt er, „ist ein Ereignis, das Glauben stiftet" — es kann dabei ganz natürlich zugehen, und doch ist der Anschein des Über-

---

[29] *Bernard Shaw, Saint Joan* (1923). *Preface*, „The Maid in Literature".
[30] Ebd. „The Evolutionary Appetite".
[31] Vgl. ebd. „Joan's Voices and Visions".

natürlichen nicht etwa Trug, solange er ja dazu dient, Glauben zu stiften. Hier liegt aber ein zweites Hauptelement der Charakteristik: Johannas Wirkung ist in der Form auf das Volk zugeschnitten, die Führer erreicht sie nur indirekt durch den Nutzen, den sie enthält. So findet *Shaw* den Zugang zur Sozialordnung, die sich um Jeanne d'Arc schließt und auf die sie ausstrahlt.

Solcher Zugang erweist sich wiederum als betont un-, ja antiromantisch. Johannas Herkunft — sie selber hob das hervor — war bäuerlich, aber in diesem Rahmen nicht allzu bescheiden, garantierte immerhin einige Weltkenntnis und ein gewisses *savoir faire:* „politischen Sinn und nicht blinden Impuls". Die Naivität, die sie dennoch im Umgang mit den Mächten der Welt an den Tag legte, erklärt sich aus ihrer Jugend; das Spiel der Interessen entzog sich ihrem Erfahrungsbereich[32]. Eben deshalb genügt es nicht, den Charakter des Mädchens für sich zu betrachten. „Um sie in ihrer eigenen Perspektive zu sehen, muß man das Christentum und die katholische Kirche, das Heilige Römische Reich und das Lehenssystem begreifen, so wie es im Mittelalter bestand und begriffen wurde[33]." Da weitet sich — in genauer Umkehrung des Verfahrens, dessen sich *Ranke* in der Darstellung des Don Carlos bediente — der Blick auf das Individuum zur Anschauung kollektiver Strukturen, die historische Lektion fügt sich ohne Bruch in das Drama.

Politik als Sache der Lehensträger, Religion als Sache der Kirche: die Kompetenzen derart verteilt zu sehen, ist der Wunsch von Johannas Gegenspielern, das heißt aller führenden Personen des Stücks. „... mind your own business", auf die banale Formel bringt in der zweiten Szene der König sein Unbehagen vor der Erscheinung der Jungfrau. Und sie: „Ich sage dir, es ist Gottes Sache, die wir besorgen, nicht unsre eigene." Dem wieder entspricht von der anderen Seite her die Bemerkung des Erzbischofs: „Es steigt ein neuer Geist in den Menschen auf: wir stehn am Beginn einer weiteren Zeit." Und auf den genauen Sinn dieser neuen „Weite" führt in der vierten Szene die Auseinandersetzung zwischen Adels- und Priesterstand — zwischen Warwick und Cauchon. Zwei Schreckensbilder für die eben noch regierenden Gewalten gehen aus der von Jeanne d'Arc entfesselten Bewegung hervor: Das eine zeigt ein unmittelbar dem König und seinem Reich zugewandtes und verpflichtetes Volk, das in der Erhebung gegen die Fremdherrschaft sein gemein-

---

[32] Ebd. „Joan Summed Up".
[33] Ebd. „Protestant Misunderstandings of the Middle Age".

sames Patrimonium über lokale Zugehörigkeiten zu stellen gelernt hat. Das andere läßt die unmittelbare Berufung des Einzelnen auf die göttliche Autorität, vorbei an Lehre und Weisung der Kirche, erkennen. Nationalismus und Protestantismus als Politik und Religion der Zukunft, vorgebildet in Gestalt und Wirkung der Jeanne d'Arc[34].

So nun öffnet sich schließlich der Blick auf die letzte Konfrontation der Rebellin und Ketzerin mit der Gesellschaft: auf den Prozeß in Rouen, dessen korrekter Verlauf und unvermeidlicher Ausgang bei *Shaw* eindrücklich hervortreten[35]. „Die tragische Seite des Verfahrens war, daß Johanna, wie die meisten Gefangenen, die nicht eben nur der einfachsten Verstöße gegen die zehn Gebote angeklagt werden, gar nicht begriff, was man ihr zur Last legte." Denn wiederum war ja die Trägerin folgenschwerster Gesinnungen ein unerfahrenes Mädchen, das beispielsweise der Kirche um ihrer Frömmigkeitsformen, um der Sakramente und Riten willen ohne Vorbehalt anhing und den Bruch nicht erkannte, den es mit der ihm selbstverständlichen Mischung von Inspiration und *commonsense* in sie einführte[36]; und nicht durchschaute, daß auch die französischen Führer vom Volkskrieg, vom nationalen Aufbruch für einmal genug hatten — daß sie ihrerseits, auch durch kirchliche Rücksicht gebunden, mindestens mit ihrer Passivität den Anklägern beistanden[37]. Das Recht, nach dem Jeanne d'Arc verurteilt wurde, blieb ohne Bezug zu ihrer Existenz; für sie war Willkür, was für die Richter aus unanfechtbarer Ordnung entsprang. Sinnlos im Rahmen des Kollektivs, ein „Justizirrtum", wurde die Zerstörung des Individuums erst — und allerdings bald —, da diese Ordnung fragwürdig wurde; erst, da die Geschichte das Urteil desavouierte; da nicht nur die Engel über das Opfer weinten, sondern auch die Götter, wie *Shaw* meint, über die Täter lachten[38].

Die Perspektiven, in denen sich der Vollzug der Geschichte zeigt, überschneiden, verfehlen und widersprechen einander; und dazu noch sind sie in unaufhörlicher Bewegung begriffen. Die Historiker können nicht sagen, wer oder was diese und jene Gestalt der Vergangenheit „war", oder gar, wer sie „ist"; nur, als was und als wer sie erschien und erscheint: wo, wann und wem.

---

[34] Vgl. ebd. „Joan the Original and Presumptuous".
[35] Ebd. „Was Joan Innocent or Guilty?"
[36] Ebd. „Joan Not Tried as a Political Offender" und „Joan the Original and Presumptuous".
[37] Ebd. „Failures of the Voices".
[38] Ebd. „Tragedy, Not Melodrama".

Schicksal

Gleichnis — nicht Gleichung: auf diese Formel lief wohl schließlich hinaus, was wir im Hinblick auf die Identität der geschichtlichen Gestalt des Menschen andeuten wollten. In seiner historischen Erscheinung „ist" der Mensch immer noch einmal, stellt er sich dar; *er* stellt *sich* dar; doch der Vollzug dieses Darstellens ist stete Bewegung, ist selbst Geschichte. — Erinnern wir uns an den Doppelsinn des Wortes „Geschichtsphilosophie", auf den schon die Einleitung hinwies: Das Wort kann so verstanden werden, daß eine Philosophie, eine Welterklärung angestrebt werde unter dem Gesichtspunkt der Geschichte; eine Philosophie, deren tragender Begriff der Begriff der Geschichte wäre. Und es kann dahin ausgelegt werden, daß die Geschichte betrachtet werde unter dem Gesichtspunkt einer Philosophie; daß eine Behandlung der Geschichte bezweckt sei, die gegenüber der Tätigkeit des Historikers gleichsam durch eine höhere Absicht veredelt wäre. Nun haben wir hier nicht geradezu „Welterklärung" getrieben. Aber deutlich mag doch geworden sein, daß wir nicht so sehr von einem vertieften Bild des Geschichtsablaufs her auf die menschliche Existenz zu blicken versuchten wie eben umgekehrt im Dasein des Menschen nach einem Zugang zu seiner Geschichte, oder eher noch seiner Geschichtlichkeit, Ausschau hielten.

Verlieren wir aber den andern Weg nicht aus den Augen, sondern halten uns wenigstens an ein Wegstück im Gang der Dinge, das uns nun auch die Möglichkeit zeige, das menschliche Schicksal in seiner Selbstdarstellung zu fassen. Für die Wahl des Ausschnitts und des Gesichtspunkts gibt es dabei keine andere Rechtfertigung als ihre verhältnismäßige Relevanz. Wir betrachten eine Entwicklung, die uns den wechselnden Stand des Menschen im Spannungsfeld zwischen ewigem Frieden und zeitlicher Ordnung erkennen läßt.

I.

Es leuchtet ein, daß die Friedensidee immer in einem bestimmten Verhältnis zu Ordnungsgedanken hat stehen müssen. Und man erkennt ohne Mühe, daß dieses Verhältnis sich oftmals gewandelt hat. Die Frage ist aber, ob solche Wandlungen uns auf den Wandel des Menschen in der Geschichte hinführen — weiterhin eben, ob das Verhältnis zwischen Friedensidee und Ordnungsgedanken uns einen Blick in die menschliche Existenz tun läßt. Wir stellen uns eine historische Frage, die etwa so lautet: Zeigt sich die menschliche Verfassung jeweils unter anderem auch im gesuchten, gefundenen oder vermißten Zusammenhang zwischen zeitlicher Ordnung und ewigem Frieden? Sofern uns aber die Zeugnisse diese Auskunft geben, werden sie nicht allein von den wechselnden Formen jenes Zusammenhangs, sondern zugleich von seiner dauernden Bedeutung sprechen.

In der verhältnismäßig frühen Schrift *De libero arbitrio* stellt *Augustinus* die Menschen, die ihren Sinn auf das Unvergängliche richten, den anderen gegenüber, welche ihr Leben von zeitlichen Werten bestimmt sein lassen. Jene unterstehen dem ewigen Gesetz, das sie sich selbst zur sichersten Wegleitung ihrer Tugend gewählt haben; diese haben sich aus freien Stücken dem zeitlichen Gesetz unterstellt, doch in all ihrer irdisch-sündhaften Verstrickung (welche allein das zeitliche Gesetz notwendig macht) bleiben sie auch dem ewigen unterworfen, von dem sie sich abgewandt haben[1]. Unterschieden wird also zuvor schon menschliches von göttlichem Gesetz. Jenes kann zulassen, was dieses doch strafen wird; zum Beispiel die Tötung eines Angreifers. Das Gesetz, das die menschliche Gemeinschaft sich schafft, sorgt für die zeitliche Friedensordnung; nicht darüber hinaus. Es kann darum auch nach den Zeitumständen geändert werden; denn die Friedensordnung kann einmal auf diese, einmal auf jene Weise zu möglichster Perfektion gelangen. *Daß* sie aber vollkommen werde, fordert das göttliche Gesetz immerzu — das eben deshalb ewig und unveränderlich ist. „Denn keine Macht", sagt *Augustinus*, „kein Zufall und keine Vergänglichkeit des Irdischen kann je umstoßen, daß die Gerechtigkeit in der vollkommenen Ordnung der Dinge besteht"[2].

In diesen einfachen Gegenüberstellungen findet man den vielschichtigen Aufbau der Lehre vom Gottesstaat vorgebildet. Das Spätwerk, die *Civitas Dei*, läßt die himmlische und die irdisch-weltliche Gesetzlichkeit tiefer und geschichtlich-dynamischer ineinandergreifen; nirgend so nachhaltig und so folgenreich wie im neunzehnten Buch, das *Augustinus* dem Thema des Friedens widmet. Daß er dabei eine Summe antiker Friedensgedanken in seine Betrachtung hereinnimmt, steigert für uns

---
[1] *Augustinus, De libero arbitrio*, I, 15.
[2] Ebd. I, 5 f.

nur den Wert dieses Textes als eines ersten geistesgeschichtlichen Orientierungspunktes³. Der Friede entfaltet sich hier zunächst in seinen Bezügen zur Körper- und Seelenwelt — der Friede „eines Körpers besteht in dem geordneten Verhältnis seiner Teile, der Friede einer vernunftlosen Seele in der geordneten Ruhelage der Triebe, der Friede einer vernünftigen Seele in der geordneten Übereinstimmung von Denken und Handeln, der Friede zwischen Leib und Seele in dem geordneten Leben und Wohlbefinden des beseelten Wesens, der Friede zwischen dem sterblichen Menschen und Gott in dem geordneten gläubigen Gehorsam gegen das ewige Gesetz, der Friede unter Menschen in der geordneten Eintracht, der Friede des Hauses in der geordneten Eintracht der Hausbewohner im Befehlen und Gehorchen, der Friede des Staates in der geordneten Eintracht der Bürger im Befehlen und Gehorchen, der Friede des himmlischen Staates in der bestgeordneten, einträchtigsten Gemeinschaft des Gottesgenusses und des gegenseitigen Genusses in Gott, der Friede aller Dinge in der Ruhe der Ordnung"⁴. Das Crescendo dieser Aufzählung läßt immerhin spüren, wie aus den Kategorien der griechischen Vorbilder eine Hauptunterscheidung sich löst, ein Zielstreben hervorbricht. „So muß denn aller Friede", sagt *Augustinus*, „der Friede des Leibes und der Seele sowie der zwischen Leib und Seele, gerichtet sein auf jenen Frieden, der den sterblichen Menschen mit dem unsterblichen Gott verbindet; dann besitzt er den im Glauben geordneten Gehorsam gegen das göttliche Gesetz⁵."

Der ewige Friede ist das Ziel des Gottesstaates, der sich fremd, doch niemals isoliert durch die Welt bewegt und mit dem irdischen Staat zusammen im Menschengeschlecht den Wandel der Zeiten herbeiführt⁶. Im weitesten Sinne zeigt sich ihm zugeordnet das allgemeine natürliche Friedensstreben, über das in antikem und frühchristlichem Denken weithin Übereinstimmung herrscht und für das *Augustinus* das extreme Beispiel des Cacus aufnimmt: der verbrecherische „Halbmensch", der mit aller Welt zerfallen ist, sucht wenigstens noch mit dem eigenen Körper in Frieden zu leben⁷. Homonoia, Eintracht, herrscht auch unter Räubern und erhält sich im Befehlen und Gehorchen, bei freilich geringer Gerechtigkeit. Führt nun die Stufenfolge zu höherer irdischer Ordnung auch

---

³ Vgl. zum folgenden *Harald Fuchs, Augustin und der antike Friedensgedanke;* Neue philologische Untersuchungen, 3, Berlin 1926.
⁴ *Augustinus, De civitate Dei,* XIX, 13.
⁵ Ebd. XIX, 14.
⁶ Ebd. XVIII, 1.
⁷ Ebd. XIX, 12.

näher an den ewigen Frieden heran oder nur eben in den vervollkommneten Bau des Menschengesetzes? In der eben zitierten Liste von Formen des Friedens hat *Augustinus* zwischen die Eintracht von Leib und Seele und jene von Menschen untereinander den „Frieden zwischen dem sterblichen Menschen und Gott in dem geordneten gläubigen Gehorsam gegen das ewige Gesetz" eingefügt, womit er anscheinend die ihm überlieferte Aufzählung unterbrach und erweiterte[8], offenbar aber auch kundtun wollte, daß die im Gottesverhältnis gestiftete Eintracht mitten hineinwirkt in die Bezüge der Welt, daß der ewige Friede sich einsenkt in die zeitliche Ordnung vermöge des Glaubens.

Hinter diesem Gedanken zeichnet sich eine weitläufige Begriffsentwicklung ab[9]. Die politische, zwischenmenschliche Eintracht, *Homonoia*, die *Augustinus* als *Concordia* würdigt, ist schon früh, in sophistischer Tradition, auf den psychischen Zustand des Einzelnen übertragen, im Sinne der inneren Ausgeglichenheit und des Seelenfriedens verstanden worden. Anderseits hat ihr das neuplatonische Denken die Dimension des All-Einen erschlossen und sie zur Bedeutung der Weltharmonie gesteigert; der natürliche Drang nach Sicherheit, Ruhe und Frieden ist so zum Streben ins Eine und Ganze, christlich dann in die Seligkeit Gottes geworden. *Pax* aber, das *Augustinus* geläufige Wort, hat schon in vorchristlicher Zeit neben der politischen Sinngebung, die in der *Pax Romana* eine besondere Höhe und Fülle erreicht, auch die Totenruhe, den Frieden nach dem Kampf des Lebens gemeint.

Solcher Reichtum an auseinanderstrebenden und doch selbstverständlich aufeinander bezogenen Konzeptionen dringt auf das Geschichtsbild ein, das *Augustinus* in der *Civitas Dei* entwickelt. Der Gesichtspunkt der Lebensphilosophie macht sich geltend, solange gezeigt wird, wie sich der Mensch den „Frieden" zwischen Seele und Körper bewahrt und damit den Tod von sich fernhält. Dann aber steht solch irdischer Ausgleich doch nur im Dienst des himmlischen Friedens, der allein so zu heißen verdient — wo er ist, „gibt es kein sterbliches Leben mehr, sondern nur das ganz und gar und immerfort lebendige" kraft der Fülle des Seins, die einzig in Gott ist. Dieses Zieles muß jeder einzelne sich in der Glaubensentscheidung versichern, durch sie tritt er ein in den Frieden mit Gott, den der Römerbrief nennt (5, 1), durch sie aber auch in die Gemeinschaft des Gottesstaates, der „während seiner Erdenpilgerschaft den irdischen Frieden benutzt, sichert und fördert"[10].

---
[8] *Fuchs*, a.a.O., S. 38, S. 78.
[9] Ebd. S. 167 ff.
[10] *Augustinus, De civitate Dei*, XIX, 17.

So erfährt der Mensch die Geschichte, die sich im zeitlichen Vollzug von Gottes- und Weltstaat zugleich verwirklicht, als einen von mehrfacher Spannung erfüllten Raum. Sein persönliches Heil knüpft sich, hinaus- und vorgreifend über die irdische Ordnung, an das ewige Leben; diese Verknüpfung macht ihn zum Bürger eines unsichtbaren Reiches, das in die Strukturen des Diesseits teilnehmend hineingreift; als Glied zweier Gemeinschaften hilft er den Frieden im Gleichgewicht des Denkens und Handelns, des Befehlens und Gehorchens tragen und trägt er gleichzeitig den Frieden in der Ordnung des Glaubensgehorsams. Der Glaube ist gleichsam das Gelenkstück seiner Doppelexistenz zwischen zeitlicher Ordnung und ewigem Frieden, dank ihm kann er sich mit den Anderen in die Gültigkeit menschlicher Satzungen finden und mit Anderen auch die Geltung des unwandelbaren göttlichen Gesetzes bezeugen. Dieser Glaube richtet sich aber auf Realisierung: auf das Erstehen des himmlischen Jerusalem, auf das Reich Gottes, auf den „Frieden aller Dinge in der Ruhe der Ordnung". Im Leben bleibt der Friede teils trügerisch-unbeständiges Stückwerk, *Pax Babylonica*, teils verborgener innerer Besitz; für den Glauben ist er Gewißheit.

Zu dem Glaubensgehorsam, in dessen Ordnung sich irdische Eintracht und himmlischer Friede begegnen, gehört sein heilsnotwendiges, weiterhin heilsgeschichtliches, eschatologisches Ziel. Zu der personalen Erwartung ewiger Seligkeit gehört das Harren der Gemeinde, die durch den irdischen Staat hindurch auf das Ende der Zeiten hinlebt. Wiederum gehört zu dem eschatologischen Horizont der *Civitas Dei* ganz wesentlich auch der geschichtliche Umkreis der *civitas terrena*. Denn im Begriff der „Civitas" Gottes verbirgt sich, wie immer man die Momente seiner Entstehung miteinander verrechnen will[11], eine Gleichnisrede. Polis, als Staat und als Stadt, als Bürgergemeinschaft, bleibt sozusagen die Buchstabenseite der Analogie, die ins geistige Werden und Sichvollenden der Kirche Christi hinüberweist. Und endlich gehört nun, gehört immer mehr zu der jenseitig-zukünftigen Gottes-Polis ihr Wirken, ihr Stand in der Gegenwart und in der Welt, die geschichtlich-konkrete Gestalt der *Ecclesia*.

Was sie umschloß, von den ersten Keimen bis eben in die Zeit der *Civitas Dei*, hieß Rom: ein Name für Stadt und Staat, für eine wachsende, zuletzt allumfassende Bürgerschaft; für ein Weltreich, das *Im-*

---

[11] Vgl. *Joseph Ratzinger, Herkunft und Sinn der Civitas-Lehre Augustins;* Geschichtsdenken und Geschichtsbild im Mittelalter (Wege der Forschung, 21). Darmstadt 1961.

perium Romanum, und für dessen Ordnung — *Pax Romana*. Ein Zeitgenosse des *Augustinus*, einer der Verfasser der *Historia Augusta*, teilte den bekannten Ausspruch des Probus mit — bald werde man keine Soldaten mehr brauchen — und fragt dann: „Was heißt das anderes als: es wird keinen römischen Soldaten mehr geben, in Sicherheit wird der Staat überall herrschen, alles besitzen, der Erdkreis wird keine Waffen hervorbringen, keine Abgaben darbringen; die Ochsen werden am Pfluge gehalten, das Pferd wird zu friedlicher Arbeit geboren; keine Kriege wird es geben, keine Gefangenschaft; überall wird Friede, überall werden die römischen Gesetze sein, überall unsere Richter[12]." In diesen weitesten, ehrgeizigsten Geltungsanspruch des weltlichen Gemeinwesens mischt sich nun freilich, zumal in so düsterer Zeit, der Wunschtraum des Goldenen Zeitalters, eines Idealzustands jenseits aller irdischen Erfahrung. Doch zugleich ist mit ihm auch das Muster gegeben, das aus der Ordnung der Polis im Laufe der Zeit übertragen wird in die Ecclesia. Die Mahnung des Epheserbriefes (4, 3) „Und seid fleißig zu halten die Einigkeit im Geist durch das Band des Friedens" formt sich und steigert sich zu den Satzungen der *Pax Ecclesiastica*, die in manchem ein Abbild der *Pax Romana* wird: im Drang nach Universalität, im Zwang zur Einheit, in der Annäherung des Glaubensgehorsams an jene „Eintracht im Befehlen und Gehorchen", die den Frieden des Staates ausmacht[13]. Der eschatologische Horizont weicht zurück, und je weiter der Weg zum ewigen Frieden sich darstellt, desto getreuer folgt er der Spur der zeitlichen Ordnung.

So aber wird der Friede, auf Erden, erst eigentlich zum Problem. So entsteht das Bedürfnis nach den konkreten Formen dessen, was *Augustinus* als einen nicht weiter erörterten Grundbegriff stehen läßt: der Ordnung; und nach einer faßbaren Ausgliederung der Gerechtigkeit in Sätzen des Rechts. Gleichzeitig aber und unabhängig davon, ja bisweilen im Gegensatz dazu, setzt sich ein zweites Bedürfnis durch, jenes nach einer geschichtlichen Sinngebung, die dem Menschenleben im Lauf der Welt zwischen Erschaffung und Vollendung einen Ort zuweist, den es annehmen, an dem es sich selber annehmen kann. Da wird den Situationen und Stimmungen der Jahrhunderte immer wieder die uralte Lehre von den Zeitaltern angepaßt, immer wieder erscheint der eigene Lebenstag dem Augenblick nahegerückt, den die Stimme des siebenten Engels der Apokalypse bezeichnen wird als den Anfang des letzten, endgültigen

---
[12] *Vita Probi*, 20, 5; zit. bei *Fuchs*, a.a.O., S. 195.
[13] Vgl. ebd. S. 220 ff.

Friedens[14]. In all ihrer Breite und faszinierenden Variationenfülle sind diese Systemversuche doch nicht so unmittelbar folgenreich und gestaltungskräftig geworden wie jene Gesetzentwürfe, welche den Frieden als diesseitige, menschliche Möglichkeit in die Weltordnung einbauen sollten.

Von der bloßen *Concordia* unterscheidet auch *Thomas von Aquin,* im Anschluß an *Augustinus,* den wahren Frieden. Die Eintracht, sagt er in der *Summa Theologiae,* besteht in der Übereinstimmung verschiedener Subjekte, aber damit diese Übereinstimmung wahrhaft tragend und nicht eben nur ein Zweckbündnis sei, bedarf sie dazu noch der Übereinstimmung jedes Subjekts mit sich selber[15]. Die Ruhe der Ordnung, durch die *Augustinus* den Frieden bestimme, verwirkliche sich in eben der Weise, daß alle Strebungen in einem Menschen miteinander zur Ruhe kämen. Und auch darin folgt *Thomas* dem großen Vorgänger und dessen Anregern, daß er den Drang nach Frieden bei allen Geschöpfen, auch und gerade bei den kämpfenden, wirken sieht. Nur wird nach seiner Auffassung anderes unter andern Umständen erreicht. Nämlich nicht allein der zeitliche Notbehelf des Menschengesetzes, über das der Glaubensgehorsam die Bürgerschaft Gottes hinausweist — sondern Friede. Und zwar freilich ein unvollkommener Friede, aber nicht darum, weil mehr als *Concordia,* Eintracht, auf Erden unerfüllt bleiben müßte, sondern allein wegen der innern und äußeren Widerstände, die auf der Welt den Frieden noch stören[16].

Wie eng sich auch *Thomas* in seiner Friedensbetrachtung an die *Civitas Dei* anschließt, sein Standpunkt fällt doch nicht mit dem des *Augustinus* zusammen. Das Handeln, das Schicksal des Menschen bestimmt sich bei ihm nicht allein aus Existenzlage und Entscheidungsmöglichkeit zwischen irdischem und himmlischem Reich, sondern zugleich aus den inneren Kräften und Gegenkräften, welche er aus der aristotelischen Seelenlehre in das christliche Tugendsystem übernimmt. So wird der Friede zum Ausfluß der *Caritas,* der vornehmsten theologischen Tugend, die sich kundgibt in der Gottes- und in der Nächstenliebe. Wo sich die Menschen auf Gott hin richten, endet auch der Streit unter ihnen; wo sie in Sünde von Gott abfallen, kann nur noch falscher, scheinbarer Friede zwischen ihnen bestehen. Daß aber die Zuordnung ihrer Seelenkräfte zu

---

[14] Vgl. z. B. Bonaventura, *Collationes in Hexaemeron,* III, IV, 18—20.
[15] Thomas von Aquin, *Summa Theologiae,* II^a II^{ae}, q. 29, a. 1. Vgl. *Fritz Wiesenthal, Die Wandlung des Friedensbegriffes von Augustinus zu Thomas von Aquino.* Diss. München 1948 (ungedruckt).
[16] *Summa Theologiae,* a.a.O., q. 29, a. 2.

Gott den Frieden auf Erden hervorbringt, ist im weiteren auch ein Verdienst der Gerechtigkeit; denn durch sie wird von der Gemeinschaft ferngehalten, was diese Ruhelage der Strebungen stören könnte. Und so wird der Friede wesentlich realisiert durch die Rechtssicherheit, durch die staatlich geordnete Einheit des Sozialgebildes — „Einheit der Menge" hat *Thomas* den Frieden in dem Traktat *De regimine principum* ausdrücklich genannt[17]. So aber ist nun die Rede von der zeitlichen Ordnung als der realen Form, nicht des ewigen Friedens, der den im Glauben Gerechtfertigten durch die Gnade Gottes am Ende der Zeiten zuteil wird, — eines Friedens aber, dem die Menschen auf Erden kraft der ihnen verliehenen Tugend — der *Caritas* — Dauer verleihen können.

Dauer — nicht Ewigkeit. Damit zeigt sich das Denken über den Frieden entscheidend umgeprägt, in wesentlichen Bezug gebracht zur Gesellschafts- und Staatstheorie, zum Naturrecht und zu einer Geschichtsbetrachtung, die über dem diesseitigen Gang der Dinge das transzendente Endziel wohl außer Acht lassen mochte. Ein neues Gewicht kam aber in ihr der Realität des Krieges zu. Denn ein Friede, der nun doch mehr als babylonischer Schein, der wahr und gefestigt sein sollte, erhob auch Anspruch auf schärfere Unterscheidung von seinem Gegenpol im Begriff der Welt und in der Praxis auf besseren Schutz vor der immerfort drohenden Störung. Wie weit war dabei dem natürlichen Friedenswunsch, den durch ihn sanktionierten Motiven von Kampfparteien Rechnung zu tragen? Darauf gab die überlieferte Lehre vom *bellum iustum*, die *Thomas* in seiner *Summa* wieder darlegte und mit *seinem* Friedenskonzept auch in Einklang brachte, die Antwort[18]. Unter drei Voraussetzungen können Menschen einen „gerechten Krieg" führen: Sie müssen im Auftrag der Staatsgewalt handeln, das heißt, sie dürfen keine Privatfehden ausfechten; sie müssen aus gerechter Ursache kämpfen, das heißt, der Feind muß sich schuldig gemacht haben; und sie müssen von rechter Absicht geleitet sein, das heißt, dem Guten zum Sieg verhelfen und das Böse vereiteln wollen. Diese letzte naturrechtlich bestimmte Voraussetzung ist die wichtigste; die beiden andern genügen nicht ohne sie.

Wenn man aber davon ausging, daß der Friede sich als die Frucht höchster menschlicher Tugend auf Erden verwirklichen lasse, galt es dann nicht, seinen Schutz bedingungslos zu fordern, war Krieg dann nicht Sünde schlechthin und in jedem Fall zu verdammen? Diese Konsequenz

---

[17] *Thomas von Aquin, De regimine principum*, I, 15.
[18] *Summa Theologiae*, a.a.O., q. 40, a. 1. Vgl. *Augustinus, De civitate Dei*, XIX, 7, XV, 4.

ergab sich für *Thomas* nicht. Denn Friede als Übereinstimmung jedes Subjekts mit sich selbst blieb an die Bedingung geknüpft, daß die Subjekte sich gerecht verhielten; sonst zerfielen sie mit sich selbst, gaben die Ausrichtung auf Gott preis, die sie mit den andern verbunden hatte, und so war ihr Friede kein echter Friede mehr, noch ehe ein Krieg ihn auch äußerlich stören, dadurch aber einen gerechten und wahren Frieden wieder herbeiführen mochte. Was hinter dieser Auffassung steht, ist trotz der rein theoretischen Explikation ein sehr konkretes Verständnis des Friedens, wie es dem Mittelalter überhaupt eigen war. Durch die Ableitung aus dem Wirken der Seelenkräfte gewinnt der Friede eine ganze Skala verschiedener Werte, der Haltbarkeit und der Qualität. Und im vielfach gegliederten Bau der Feudalordnung gibt es ohnedies nicht den Frieden schlechthin, vielmehr setzen sich gültige Formen des Ausgleichs — die dann wohl „ewig" genannt werden — bald auf dieser, bald auf jener Ebene durch, im engeren und im weiteren Rahmen, in genauem Bezug auf Stand und Lage der Partner.

Solche Differenzierung — solche Lokalisierung, wie wir es nennen würden, des Friedens wie auch des Krieges — war ihrerseits von begrenzter Dauer und mit ihr das fraglose Vertrauen in die Lehre vom *bellum iustum*. „Kaum ein Friede", liest man in einer bekannten Schrift, „ist so ungerecht, als daß er nicht dem scheinbar gerechtesten Kriege vorzuziehen wäre." Wie würde man diesen Satz einordnen? Zweifellos ist er in bewußtem Kontrast zur geltenden Theorie vom gerechten Krieg formuliert. Daß es nicht „kein Friede", sondern nur „kaum ein Friede" heißt, verrät eine letzte Reserve zu ihren Gunsten. Erfahrung wird ausgedrückt, offenbar nicht eines einzelnen Friedensbruchs, sondern verbreiteter, ja allgemeiner Friedlosigkeit, beobachtet von einem Standort, der Überblick bot, überparteilich-humaner Gesinnung Raum gab ... *Erasmus* hat ihn geschrieben, in der *Querela Pacis*, die in breiter Beschreibung den Abfall der christlichen Welt von der Friedensbotschaft ihres Stifters vor Augen führte[19]. „Der Engländer ist des Franzosen Feind", sagt *Erasmus*, „nur weil er Franzose ist. Der Brite ist dem Schotten feindlich gesinnt, allein darum, weil er ein Schotte ist. Der Deutsche ist mit dem Franzosen uneinig, der Spanier mit beiden"[20]. Fürsten und Völker stehen

---

[19] *Friedrich Raumer, Ewiger Friede. Friedensrufe und Friedenspläne seit der Renaissance;* Orbis Academicus, Freiburg-München 1953, S. 234. Über die Quellen der *Querela* vgl. *Roland H. Bainton, The „Complaint of Peace" of Erasmus. Classical and Christian Sources;* Early and Mediaeval Christianity, Boston 1962, S. 217 ff.
[20] Raumer, a.a.O., S. 239.

einander im großen europäischen Zusammenhang gegenüber; von den Türken gemeinsam bedroht, vergessen die Christen, was sie nun doppelt verbinden müßte. Nicht nur von dieser Gesamtsituation spricht *Erasmus*. Der Friede, der durch ihn Klage führt, hat in Städten, an Höfen, in Kirchen und Klöstern vergeblich ein Unterkommen gesucht; die Gemeinschaft der Ehegatten ist ihm verschlossen geblieben wie zuletzt noch das Herz des Einzelnen, „denn der Mensch liegt mit sich selbst im Kampf". Da wird die augustinische Tradition wieder sichtbar — die Liste der Eintrachtsformen im menschlichen Ordnungsbereich: ohne Vertrauen in den Gang der Welt wird sie abgesucht.

Doch die *Querela Pacis* steigert sich auf die politischen Themen hin. Die biblischen wie die antiken Quellen liefern ihr Argumente und rhetorisches Material zur Verurteilung irdischen Machtstrebens. „Jenes einst so wilde und kriegslustige Rom sah dennoch seinen Janustempel mehr als einmal geschlossen" sagt *Erasmus*. „Wie dürft ihr dann Christus, den Urheber des Friedens, mit dem Munde preisen, die ihr selbst in ständigem Streit miteinander liegt[21]?" Die *Pax Romana* zeigt sich noch immer als Vorbild, von neuem als Wunschbild der bedrohten, zerrissenen Völkergemeinschaft. Wie läßt sie sich wieder heraufführen? „Die Fürsten sollten sich einmal darüber einigen, welches Land ein jeder regieren und beherrschen will." Das ist das Programm. Die Voraussetzungen liegen im rechten Verhalten der Herrscher. „Ein König", liest man, „soll sich dann als groß ansehen, wenn er die Seinen glücklich gemacht hat; dann als erhaben, wenn er vollkommen freien Untertanen gebietet; dann als reich, wenn er auch ein reiches Volk hat; dann als angesehen, wenn er Gemeinden besitzt, die in ewigem Frieden blühen." Oder: „Ein Fürst soll seine Regierung so führen, daß er sich bewußt ist, als Mensch über Menschen, als Freier über Freie, endlich als Christ über Christen zu herrschen[22]." Worte der Aufklärung — aus dem selben Jahr wie Luthers Thesen. Aber im folgenden Jahr, 1518, in seinem Brief an den Abt Paul Volz, der das *Enchiridion militis Christiani* begleitet, anerkennt *Erasmus* doch auch die Fürsten, „deren Waffen ... auf ihre Weise Christus dienen", wenn sie „in gerechtem Kriege den Feind schlagen und die öffentliche Ruhe schützen", es sei denn, sie führten Krieg „nicht für den Staat, sondern für ihr eigenes Gelüsten"[23]: da erhält sich die Lehre vom

---
[21] Ebd. S. 245.
[22] Ebd. S. 235.
[23] *Erasmus, Epistola ad Paulum Volzium;* Ausgewählte Schriften, hrsg. v. *Werner Welzig*, Bd. 1, Darmstadt 1968, S. 22.

bellum iustum ganz unversehrt neben einer sehr weitgehenden Ächtung des Krieges. Denn selbst die Verteidigung gegen die Türken möchte *Erasmus* doch lieber auf kampflose Weise geführt sehen: nicht möglichst viele zu töten, sondern möglichst viele zu retten, sei Christenpflicht, so erklärt er; sonst würden die Glaubensstreiter zu Türken werden, nicht die Türken zu Gläubigen. „Die wirksamste Weise, die Türken zu bekämpfen, würde es sein, daß sie bei uns leuchten sähen, was Christus gelehrt und gesprochen hat; daß sie spürten, wie wir ... einzig ihr Heil und Christi Ruhm suchten[24]."

Um aber einen weiteren Typus des Friedensdenkens nicht außer Acht zu lassen, so erschien im selben Jahr 1518, mit einer Vorrede Luthers, die erste vollständige Ausgabe der *Theologia deutsch*, deren 12. Kapitel davon handelt, „was rechter wahrer innerlicher Friede sei, den Christus seinen Jüngern zum Abschied gelassen hat"[25]. Auf Erden lebt niemand, so wird hier gesagt, der immerfort Ruhe und Frieden hätte: „es muß je hier gelitten sein, man kehre es wie man wolle ... Darum so ergib dich willig darein und suche allein den wahren Frieden des Herzens, den niemand dir nehmen mag, damit du alle Anfechtung überwindest ... Wer nun mit Liebe allen seinen Fleiß und Ernst darzu täte, der würde gar bald erkennen den wahren ewigen Frieden, der Gott selber ist, nach Möglichkeit der Kreatur, also daß ihm süß würde das ihm vorher sauer war, und daß sein Herz unbewegt stünde allzeit in allen Dingen und daß er nach diesem Leben käme zu dem ewigen Frieden."

Es ist leicht zu sehen, wie durch die breite Varietät solcher Aussagen hin die alten christlich-antiken Motive noch immer die Weise bestimmen, in der die geschichtliche Welt auf den Menschen, der Mensch auf Weg und Ziel der Geschichte bezogen wird. Der Aspekt der *Pax Babylonica* tritt dabei schärfer zutage, da der Blick sich auf lange Fronten, unaufhebbare Spannungen in einer größern politischen Einheit hin öffnet. Die *Pax Romana*, als idealisierter Vergangenheitzustand, nimmt Züge des Goldenen Zeitalters an, die dem Humanismus neu gegenwärtig werden; Züge, die sich zur selben Zeit utopischen Zukunftmodellen mitteilen. Die *Pax Ecclesiastica* wird zur fernen, vergeblich beschworenen Ordnung, da nun der Glaubensgehorsam die geistig verstandene, weltlich geordnete Eintracht im Befehlen und Gehorchen aufkündigt und die abendländische Kirche ins Zeitalter der Zwietracht tritt. Und in der Ratlosigkeit des *Erasmus* vor einem Krieg, der sich nicht mehr nach ver-

---

[24] Ebd. S. 10.
[25] *Theologia deutsch*, hrsg. v. *Franz Pfeiffer*, 4. Aufl., Gütersloh 1900, S. 44 ff.

schieden gerechten Einzelaktionen zu differenzieren, sondern nur noch als *eine* weltweite, apokalyptische Frage zu manifestieren scheint, versagt das scholastische Staatsdenken, das in der Forderung nach Übereinkunft von einzelnen Kräften her an griechische Lehren anknüpfte. Zugleich ist die heilsgeschichtliche Sicherheit aus der Vorstellungswelt der Gemeinschaft gewichen, der ewige Friede zum Ziel des persönlichen Heilswegs geworden; der augustinische Pessimismus klingt an in dem Gedanken, daß wir Kampf und Not allein im je eigenen Glaubensentscheid überwinden, auf Erden nicht enden können.

Die weitere Entwicklung hat diese alten Motive doch in neue Tendenzen umgeschmolzen. Über die Meinung, daß wahrer Friede einzig als transzendentes Prinzip zu begreifen sei, ist sie freilich hinweg-, oder noch eher ist sie an ihr vorbeigegangen; denn widerlegen ließ sie sich nicht, aber auch nicht verwerten. Dagegen hat sich die Forderung, daß durchaus nicht Krieg, sondern immerfort Friede sei, im Gespräch über zeitliche Ordnung bis heute erhalten — ohne daß darum die Lehre vom *bellum iustum* je völlig verdrängt worden wäre; sie nämlich erwies sich umgekehrt als verwertbar, so anfechtbar sie auch bleiben mochte. Als Moment der Verwandlung aber wurde im Lauf der Jahrhunderte die Idee der Staatsraison wirksam: durch sie ist die Theorie des gerechten Krieges in die politische Schultradition des begrenzten Krieges hinübergeführt worden, die noch immer den Wunsch, einen unechten Friedenszustand durch wirkliches friedliches Gleichgewicht zu ersetzen, erfüllen will. Die Problematik solchen Bestrebens liegt nun nicht in ihm selbst. Sie liegt dort, wo schon *Thomas* und seine Vorläufer und *Erasmus* unter dem Eindruck des Zeitgeschehens sie sahen: im Begriff eines höheren Interesses; in der Annahme, in der Notwendigkeit einer übergeordneten Autorität und Instanz. Das politische Denken der Neuzeit beschäftigt sich unausgesetzt mit der Suche und Forderung nach einer gesamteuropäischen, dann überhaupt einer gesamthaften Ordnung. Und stets ist der Friede das Ziel — Friede nicht in der Dimension der Ewigkeit Gottes, sondern nach den Maßen menschlicher Dauer.

Auch diesem politischen Denken geht ein Geschichtsdenken parallel, das die Folge der Zeitalter zu begreifen strebt, das Ursprung und Ziel, Richtung und Sinn der historischen Vorgänge fassen will; von solchem Bemühen zeigt die politische Theorie sich vielfach berührt: „die Philosophie könne auch ihren *Chiliasmus* haben", sagt *Kant* dazu; „aber einen solchen", so fährt er fort, „zu dessen Herbeiführung ihre Idee ... selbst beförderlich werden kann ..."[26]; und damit deutet er auf die Weise voraus, in der er sich mit der Idee des ewigen Friedens befassen wird. Was aber zunächst die Entwürfe zur europäischen, zur allgemeinen Ordnung betrifft — sollten sie wiederum davon ausgehen, daß ein natürliches Friedensbedürfnis den Menschen eingepflanzt sei, oder sich an die Lehrmeinung halten, der Krieg sei der Vater aller Dinge? Für *Hobbes* ergab sich die Zwietracht, der Kampf aller gegen alle in der Tat mit Naturnotwendigkeit aus dem menschlichen Zusammenleben als solchem, das sich im Zeichen des Wettstrebens, des Argwohns und der Ruhmsucht abspielt. „Und hieraus folgt", sagt *Hobbes* im *Leviathan*, „daß Krieg herrscht, solange die Menschen miteinander leben ohne eine oberste Gewalt, die in der Lage ist, die Ordnung zu bewahren[27]." In diesem natürlichen Kriegszustand ist das Gesetz schon angelegt, nach welchem die Menschen ihre Verteidigungsrechte in eine wechselseitige Übereinkunft aufgehen lassen und sich gemeinsam einer Ordnungsinstanz unterstellen sollen.

Der Satz, daß die Menschen sich zur Gesellschaft zusammenschließen, um dem Kriegszustand zu entgehen, kehrt bei *Locke* wieder; wobei als besonders mißliche Eigenschaft des Kriegszustands angeführt wird, daß man in ihm „nur an den Himmel appellieren kann"[28]. *Locke* unterscheidet aber in seinem *Zweiten Traktat über die Regierung* den Kriegs- vom Naturzustand. Dieser konstituiert sich zunächst als naturgesetzlich geregeltes freies Nebeneinanderbestehen der Menschen. Wenn *Locke* nun den Nachweis führt, „daß im Naturzustand jeder die vollziehende Gewalt des Gesetzes der Natur innehat"[29], so gleichen die Beispiele, die er wählt, weder absichtlich noch zufällig jenem Fall von Tötung aus Notwehr, den *Augustinus* nennt, um zu zeigen, wie nach menschlichem Gesetz zulässig sein könne, was vom göttlichen dennoch verworfen werde. Die beträchtliche Unvollkommenheit des Naturzustandes besteht nach *Locke* aber darin, daß er infolge einer über das Maß und das Ziel des Naturgesetzes hinausführenden Macht- und Gewaltanwendung in Kriegszustand übergehen und bei dem Fehlen einer schlichtenden Autorität nur schwer zu sich selbst und zu seinem stets unsicheren Frieden zurückfinden kann. So wird der Kriegszustand erst auf der dritten Stufe des Vertrags überwunden: in der politischen Gesellschaft, deren Mit-

---
[26] Immanuel Kant, *Idee zu einer allgemeinen Geschichte in weltbürgerlicher Absicht*, Achter Satz; Werke, hrsg. v. *Wilhelm Weischedel*, Bd. 6, Frankfurt 1964, S. 45.
[27] *Thomas Hobbes, Leviathan*, I, 13.
[28] *John Locke, Second Treatise of Government*, III, 21.
[29] Ebd. II, 13.

glieder auf ihre natürliche Gewalt verzichten. Die Friedensordnung hängt nun an einer Berufungsinstanz, die über allen Parteien und Interessen steht. Wo sie nicht waltet, tritt der Naturzustand wieder ein; also auch, erklärt *Locke*, in der absoluten Monarchie: denn in ihr herrscht menschliche Willkür, nicht bürgerliche Regierung.

Eine frei von persönlichen Strebungen wirkende Staatsordnung und der Zusammenschluß aller Staaten zu einem Bund, der erst recht nur das allgemeine Wohl zum Ziele hat: daraufhin sind die Friedenspläne des 17. und des 18. Jahrhunderts angelegt, dabei ist es dann auch der Substanz nach geblieben. „Aber dazu ist unerläßlich", sagt *Rousseau* in seinem *Extrait aus Saint-Pierre*, „daß der Bund so allumfassend ist, daß sich keine größere Macht von ihm ausschließt; daß er einen obersten Gerichtshof besitzt, der Gesetze und Weisungen gibt, die für alle Teile verbindlich sind; daß er eine starke und zwingende Kraft besitzt, um jeden Staat dahin zu bringen, sich den gemeinsamen Beschlüssen zu fügen, sei es zur Mitwirkung, sei es zur Enthaltung; endlich, daß er so fest und dauerhaft ist, verhindern zu können, daß sich die Mitglieder nach Wunsch von ihm lossagen, sobald sie glauben, daß ihr Sonderinteresse im Gegensatz zum allgemeinen steht." Aus seiner Skepsis hinsichtlich der Durchführbarkeit dieses Projektes hat *Rousseau* ein leicht zu lüftendes Geheimnis gemacht[30]. Indessen sieht man so das Friedensdenken zu seinem festen, wenngleich im einzelnen vielfach variierten Muster gelangen. Wie *Locke* nimmt auch *Kant* den Schritt vom Naturzustand zur bürgerlichen Gesellschaft als Hauptmoment einer „allgemeinen Geschichte in weltbürgerlicher Absicht" an; er knüpft daran die „Idee des Völkerbundes"; der „Chiliasmus" seiner Philosophie fordert zuletzt den „allgemeinen weltbürgerlichen Zustand", in dem eine künftige vollkommene Friedensordnung sich gründet. Und in der Schrift *Zum ewigen Frieden* vollzieht sich ihm die Annäherung an solchen Zustand durch die Übergänge zur republikanischen Staatsform, zum Föderalismus freier Staaten und zum Weltbürgerrecht[31].

Nun klingt die antike Tradition, die *Augustinus* übernahm und *Thomas von Aquin* wieder aufgriff, auch bei *Kant* wieder an, wenn er sagt, die Natur biete selber die Garantie für den ewigen Frieden mit dem „Mechanism der menschlichen Neigungen", indem sie „durch die Zwietracht der Menschen Eintracht selbst wider ihren Willen emporkommen" lasse[32]. Doch damit wird vollends deutlich, daß er im Sinne

---

[30] *Raumer*, a.a.O., S. 353 f.
[31] *Kant*, a.a.O., S. 204 ff.
[32] Ebd. S. 217.

der Unterscheidung, von der wir ausgingen, nicht vom ewigen Frieden, sondern von zeitlicher Ordnung spricht. Denn welcher transzendente Wille hier auch als Natur den Gang der Dinge lenke, er führt jedenfalls nicht weiter als zur Perfektion des menschlichen Gesetzes. So wie die irdische Rechtsprechung sich immer mehr mit dem Amt der göttlichen Gerechtigkeit hat belasten müssen, um die subjektiven Momente nicht dem „Appell an den Himmel" anzuvertrauen, so hat die politische Theorie ihre Suche nach Frieden ganz in die zeitlichen Dimensionen verlegt, in ihnen aber das Streben nach höchster, nach dauernder Ordnung voll behauptet. Mit letzter Folgerichtigkeit hat *Friedrich Gentz* diese Entwicklung bezeichnet in dem Satz: „Das Ideal des *ewigen Friedens* fällt mit dem Ideal des *vollkommenen Staates* zusammen: ihr gemeinschaftliches Fundament ist die unumschränkte Herrschaft des Rechtes; erhebt die Menschheit zu dieser, und alle ihre vernünftigen Zwecke sind erfüllt[33]!"

Aber ist das der letzte Schluß? Wird hier nicht Friede, Ordnung, Staat erst wieder und erst recht zum Problem? Lehrt die Erfahrung nicht, daß die von *Gentz* genannten „Ideale" vielerlei Gestalt, aber keine endgültige annehmen können — hienieden? Insofern hat der Gang der Dinge ihm recht gegeben, als der „ewige" oder auch nur ein dauernder Friede sich bisher so wenig wie der „vollkommene" oder auch nur ein allgemein als bestmöglich erkannter Staat am Horizont der Entwicklung gezeigt hat. Aber es bleibt das Bedürfnis, etwas zu sagen über die Weise, in der sich der Mensch zu all den Strebungen (seinen eigenen) im Bereich dieser Ziele — wie er sich zur Geschichte verhält. — Wir suchen noch einmal die Anlehnung an einen Text und können die Wahl nur wieder damit begründen, daß sie uns einen Sammelpunkt der in dieser Arbeit erkundeten Bezüge zu bieten scheint.

II.

In *Hölderlins* Hymne *Friedensfeier* öffnet sich eine Szene, die eine neue Begegnung der Sterblichen mit den heiligen Mächten verheißt[34]. Begegnung des Menschlichen mit dem Göttlichen im Zeichen des Frie-

---

[33] *Friedrich Gentz, Über den ewigen Frieden; Raumer*, a.a.O., S. 490.
[34] *Friedrich Hölderlin*, Sämtliche Werke, hrsg. v. *Friedrich Beissner*, Bd. 3, Stuttgart 1957, S. 531 ff. — Die philologisch-literaturwissenschaftliche Kontroverse um einzelne Motive der *Friedensfeier* kann im Rahmen unserer Betrachtung ganz zurücktreten.

dens: da ist mit einem Schlag der Zusammenhang wiederhergestellt, den wir aus christlichem und antikem Denken sich formen, in der abendländischen Geistesgeschichte sich wieder verlieren sahen. Die Wiederherstellung ist aber selbst ein Thema des Gedichts, und ein Thema auch die Verbindung der christlichen Botschaft mit antikem Mythos. Der Friede von Lunéville (9. Februar 1801) gab dem Dichter den Anstoß dazu, eine lang gehegte Vorstellung näher zu fassen. Er sah ein Zeitalter der Götterferne an sein Ende kommen, dessen Spiegelung er früh schon im Naturgeschehen wahrgenommen hatte — in der Bewegung des Sonnengottes:

„Doch fern ist er zu frommen Völkern,
Die ihn noch ehren, hinweggegangen.

. . . so spielen Nebel und Träum' um uns
Bis der Geliebte wiederkömt und
Leben und Geist sich in uns entzündet[35]."

Wo dann die Nacht der Entfremdung weltgeschichtlich verstanden, als ein „Fluch" von den „Vätern" her aufgefaßt wird, führt sie auch durch eine Zeit der Prüfung vor dem allgemeinen Frieden:

„Und haben endlich wohl genug den
Üppigen Schlummer gebüßt die Völker[36]?"

Wiederum spiegelt sich in dem Durchgang durch Schlaf und Zerfallenheit eigenes Schicksal:

„Soll es werden auch mir, wie den Götterlosen, die vormals
Glänzenden Auges doch auch sassen an seeligem Tisch',

Aber übersättiget bald, die schwärmenden Gäste,
Nun verstummet, und nun, unter der Lüfte Gesang,

Unter blühender Erd' entschlafen sind, bis dereinst sie
Eines Wunders Gewalt sie, die Versunkenen, zwingt,

Wiederzukehren, und neu auf grünendem Boden zu wandeln[37]."

„Eines Wunders Gewalt" bewirkt in der *Friedensfeier* solche Erneuerung. In ihr stellt sich denen, die „fast, wie die Waisen" gelebt haben, der Zusammenhang, der sie vormals umgab, wieder her, der nie ganz

---

[35] *Dem Sonnengott* (vor Sommer 1798), ebd. Bd. 1, 1946, S. 258.
[36] *Der Frieden* (1799), ebd. Bd. 2, 1951, S. 6 f.
[37] *Menons Klagen um Diotima* (gegen 1801), ebd. S. 77.

vergessene: „Und nicht umsonst ward uns / In die Seele die Treue gegeben[38]." Auch darin erhält sich eine zuvor konzipierte, anfangs freilich noch mancher Anwendung offene Daseinsfigur:

„Doch es kehret umsonst nicht
Unser Bogen, woher er kommt[39]."

Wie immer dann die Motive und Themen der Rückkehr sich dem Gesamtgefüge von *Hölderlins* Denken — das wohl indessen nie ein System war — und im besondern dem Wechselbezug zwischen griechisch-orientalischem und „hesperischem" Geist einordnen: soviel machen sie deutlich, daß die Kunst „auch ihren Chiliasmus haben" kann. In der *Friedensfeier* wird der Chiliasmus, der Ausblick in ein allversöhnendes Reich zur Klarheit geführt, auf den sich die Dichtung seit langem gerichtet hat: darauf nämlich,

„Dass ein liebendes Volk in des Vaters Armen gesammelt,
Menschlich freudig, wie sonst, und Ein Geist allen gemein sei.
Aber weh! es wandelt in Nacht, es wohnt, wie im Orkus,
Ohne Göttliches unser Geschlecht[40]..."

Über aller Erwartung in nächtlicher Zwischenzeit steht das einfache, aber mehrmals eindringlich gesagte Wort „umsonst nicht"; wie im Zusammenhang einer mythologischen Reminiszenz:

„Die Wahrsagung
Zerreisst nicht, und umsonst nicht wartet,
Bis sie erscheinet, Herakles Rückkehr."

Das prophetische Ahnen, dem die Verheißung des Paulus (1. Kor. 13, 12) nicht fremd ist, mündet in die Vision endzeitlicher Epiphanie:

„Einheimisch aber ist der Gott dann
Angesichts da, und die Erd' ist anders[41]."

Urchristliche Naherwartung klingt in den Versen der *Friedensfeier* an: „Und wenige scheinen zu sterben / Es hält ein Ahnen die Seele, / Vom goldnen Lichte gesendet, / Hält ein Versprechen die Aeltesten auf." Die Erfüllung, die sich am „Abend der Zeit" vollzieht, ist als Wiederkunft

---

[38] *Am Quell der Donau* (1801), ebd. S. 128.
[39] *Lebenslauf* (1800), ebd. S. 22.
[40] *Der Archipelagus* (1800), ebd. S. 110.
[41] *Chiron* (1802/3), ebd. S. 57.

der Unsterblichen und namentlich Christi, des letzten in ihrem Kreise, gedacht.

In dieser Weise endet das Gespräch, und die Schwelle zu den „Feiertagen", die der „hohe, der Geist der Welt" mit den Menschen nun halten wird, gibt sich im Übergang zum Gesang zu erkennen: „Viel hat von Morgen an, / Seit ein Gespräch wir sind und hören voneinander, / Erfahren der Mensch; bald sind wir aber Gesang." Daß die Menschen ein Gespräch sind und voneinander hören können, darin nimmt die Geschichte ihre Gestalt an (Sprache als Form der Geschichtlichkeit); durch ein Widerspiel von Vergessen und Gedenken bewegt sie sich ihrem Ziel entgegen. Die entscheidenden Anstöße stammen aus dem Göttlichen, dessen die Menschen „doch viel" empfangen haben; und namentlich wieder aus Christus, trotz seinem frühen Untergang: „So ist schnell / Vergänglich alles Himmlische; aber umsonst nicht..." Vergänglich muß es als Begegnung sein: „Denn schonend rührt des Mases allzeit kundig / Nur einen Augenblick die Wohnungen der Menschen / Ein Gott an"; mehr als ein sparsames, erst nach und nach begreifliches Geschenk würden die Irdischen nicht ertragen. „Einmal mag aber ein Gott auch Tagewerk erwählen / Gleich Sterblichen und theilen alles Schiksaal" — Apollon, Herakles, Christus... Von ihnen her gelingt die Verständigung, die den gedenkenden Menschen schließlich den Zugang zu der versöhnten Gemeinschaft öffnet. „Schiksaalgesez ist diss, dass Alle sich erfahren, / Dass, wenn die Stille kehrt, auch eine Sprache sei." Der Friede, in dem das Göttliche wiederkommt, gibt der Geschichte gemeinsame Form, endgültige Einheit.

Der weitere Motivkreis, welcher sich um diese Vorstellungen zieht, läßt sie noch deutlicher, lebendiger erscheinen. Auf früher Stufe zeigt sich schon — und mythologisch wiederum mit Herakles assoziiert — der Weg des Kampfes und der Prüfung,

„Bis aus der Zeit geheimnissvoller Wiege
Das Himmels Kind, der ew'ge Friede geht[42]."

Dann aber stellen sich zugleich das Bild vom „höchsten Fest" und der Gedanke vaterländischer Erfüllung ein[43], und die Szene der *Friedensfeier* zeichnet sich in *Hölderlins* Ahnung nationaler Zukunft ab:

---

[42] *Dem Genius der Kühnheit* (1792/4), ebd. Bd. 1, S. 178.
[43] *Gesang des Deutschen* (1799), ebd. Bd. 2, S. 5.

> „Und das Schweigen im Volk, ist es die Feier schon
> Vor dem Feste? die Furcht, welche den Gott ansagt? ...
>
> Schöpferischer, o wann, Genius unsers Volks,
> Wann erscheinest du ganz, Seele des Vaterlands,
> Dass ich tiefer mich beuge,
> Dass die leiseste Saite selbst
>
> Mir verstumme vor dir[44]..."

Was heißt aber „national"? Im Vaterländischen verwirklicht sich das Abendländische, und auf die *Friedensfeier* hin läßt die thematische Arbeit den vorher so ausdrücklichen Bezug auf die Deutschen zurücktreten; doch der Gedanke des Festes bleibt augenscheinlich der selbe, und die „Engel des Vaterlands..., vor denen das Auge, / Sei's auch stark und das Knie bricht dem vereinzelten Mann"[45], werden zwar mythisch-konkreter und geschichtsmächtiger erfahren, aber im Wechsel erhält sich die Hauptrichtung ihrer Kraft: auf das Volk, auf die höchste Gemeinschaft hin; auch die Zeichen dieser Kraft ändern sich nicht. Ebenso steigert sich, bei gleicher Grundvorstellung, die Aussage über „des Festtags / Chorgesang auf grünem Gebirg'"[46], in dem sich Gott kundgeben wird:

> „unaussprechlich wär er wohl
> Und nirgend fänd er wahr sich unter den Lebenden wieder
> Wenn zum Gesange nicht hätt' ein Herz die Gemeinde[47]."

Dem Gesang der Endzeit geht das Gespräch der Geschichte voraus, „von Morgen an": die welthistorische Bewegung führt — der Gedanke ist Allgemeingut in *Hölderlins* Zeit — von Osten nach Westen; und „so kam / Das Wort aus Osten zu uns", von den „Starken" Asiens, die „Zuerst es verstanden, / Allein zu reden / Zu Gott"[48]. In der geschichtlichen Erfahrung ist das Wort, das Göttliches und Menschliches verbunden hat, verbinden wird, eingeholt aus der Begegnung mit orientalischem Geiste ins Abendland. So hat in Entfremdung und Treue, in Vergessen und Gedenken der Zwischenzeit die Gewißheit der Wiederkunft, der Epiphanie wachsen können:

---

[44] *An die Deutschen* (1799), ebd. S. 9 f.
[45] *Stutgard* (1800), ebd. S. 89.
[46] *Der Archipelagus*, ebd. S. 110.
[47] *Der Mutter Erde* (1800), ebd. S. 123.
[48] *Am Quell der Donau* (1801), ebd. S. 127 f.

> „Was der Alten Gesang von Kindern Gottes geweissagt,
> Siehe! wir sind es, wir; Frucht von Hesperien ists!
>
> Wunderbar und genau ists als an Menschen erfüllet,
> Glaube, wer es geprüft! aber so vieles geschieht,
>
> Keines wirket, denn wir sind herzlos, Schatten, bis unser
> Vater Aether erkannt jeden und allen gehört.
>
> Aber indessen kommt als Fakelschwinger des Höchsten
> Sohn, der Syrier, unter die Schatten herab[49]."

Und alles hängt nun daran, daß die Zeit voll ausgemessen, erst in der „Abendstunde" und angesichts „gereiftester Früchte" erfüllt wird. Dann erst dürfen sich die beiden Themen endgültig verschränken und ganz offenbar werden: „das Beste, der Fund, der unter des heiligen Friedens / Bogen lieget"[50], und die Erscheinung „der Himmlischen, die sonst / Da gewesen und die kehren in richtiger Zeit"[51]. In der *Friedensfeier* tut sich das Geheimnis der Geschichte diesen beiden Schlüsselthemen auf. Das erste spricht sich aus als „guter Geist des Vaterlands", dessen Name dem Dichter lange entzogen war.

> „Einst hab ich die Muse gefragt, und sie
> Antwortete mir
> Am Ende wirst du es finden.
> Kein Sterblicher kann es fassen.
> Vom Höchsten will ich schweigen.
> Verbotene Frucht, wie der Lorbeer, aber ist
> Am meisten das Vaterland. Die aber kost'
> Ein jeder zulezt[52]."

Das zweite hat *Hölderlin* auf die Formel gebracht, die das Wirken der Überirdischen auf den Weg und das Ziel des abendländischen Schicksals hinordnet:

> „Wie Fürsten ist Herkules. Gemeingeist Bacchus. Christus aber ist
> Das Ende[53]."

---

[49] *Brod und Wein* (1801), ebd. S. 95.
[50] *Heimkunft* (1801), ebd. S. 98.
[51] *Brod und Wein*, ebd. S. 94.
[52] *Einst hab ich die Muse gefragt...*, ebd. S. 220.
[53] *Der Einzige*. Ansatz zur dritten Fassung (1803), ebd. Bd. 2, S. 753.

Was die geschichtliche Existenz eigentlich ausmacht, nennen wir Schicksal. Was die historische Betrachtung des Menschen von andern Betrachtungsweisen unterscheidet, ist letztlich dies, daß sie sich auf ein — wie immer verstandenes und gewertetes — Schicksal richtet und daß sie den Menschen, besser *die* Menschen ihrerseits auf ein Schicksal entworfen sieht. Man muß den Schicksalsbegriff nicht von den religiösen, philosophischen, ideologischen Vorstellungen zu lösen suchen, deren Träger er nun einmal ist. Wir erstellen hier aber auch keine Rangordnung für die Antworten, die auf die Fragen nach „Ursprung und Ziel" oder nach dem „Sinn" der Geschichte gegeben werden. Wir skizzieren einzig den Rahmen, in dem solche Fragen und Anworten immer dem Einen gelten: dem Menschen im Bild der Geschichte.

In diesem Rahmen, wir sahen es, gilt die Regel der Perspektive, durch sie entstehen „Schnittpunkte" als erste Strukturelemente und bilden die Kernzonen geschichtlicher Identität — die Erscheinungsorte des Schicksals. Die Perspektive erschließt den Raum der Geschichte, gliedert ihn als historische Zeit, in der sich das Vergangene in seinen Individuationen darstellt. Dem geschichtlichen Verständnis erscheint das Historisch-Individuelle als Schicksal. Wie — dafür haben wir einige Beispiele zu geben versucht. Die menschliche Existenzlage zwischen himmlichem und irdischem Gesetz, die *Augustinus* umschrieb, zeigt die Prägung des Schicksals. Die menschliche Orientierung auf ein Gleichgewicht zwischen den Seelenkräften, auf die Eintracht mit Gott und der Welt, wie *Thomas* sie vorzeichnete, ist ein schicksalhafter Bezug. In den Übergängen von ewigem Frieden zu zeitlicher Ordnung nimmt das Schicksal der menschlichen Gemeinschaft wechselnd Gestalt an. *Hölderlins* Dichtung deutet in ihrer thematischen Arbeit mit den Zeichen des menschlichen Schicksals die Geschichte des Abendlandes.

Im Gedächtnis, sahen wir, konstituiert sich die Geschichtlichkeit des menschlichen Daseins. Im Erinnern wählen wir unser Bild der Geschichte. Nun ist schon solche Zeitigung ein schicksalhafter Vollzug. Aus ihr erwächst uns die perspektivische Erscheinung des Menschen — und seines Schicksals. Die Bilder und die Begriffe sind nicht zu zählen, in denen das Schicksal sich darstellt. Fremde und Vaterland, Götterferne und Gottesbegegnung, Auszug und Rückkehr, so fanden wir ein groß angelegtes Geschichtsbild bezeichnet, am wesentlichsten aber durch das Widerspiel des Vergessens und der Erinnerung, durch das Schicksal der Geschichtlichkeit selbst. In ihm ist begründet, daß die Menschen einander zugeordnet sind: in der Zeit, durch die Sprache.

Nachsatz

Die *Einleitung* gibt verkürzt und bereinigt den Gedankengang wieder, der in dem Aufsatz „Das Problem der Geschichtsphilosophie" (Schweizer Zeitschrift für Geschichte, 1959) unternommen war.

Der erste Teil des Kapitels *Schicksal* ist unter dem Titel „Ewiger Friede und zeitliche Ordnung" in den Schweizer Monatsheften (Mai 1968) erschienen.

Bibliographische Ergänzung

Aron, Raymond: Introduction à la philosophie de l'histoire. Essai sur les limites de l'objectivité historique. Paris 1948.

Brüning, Walther: Geschichts-Philosophie der Gegenwart. Stuttgart 1961.

Bultmann, Rudolf: History and Eschatology. Edinburgh 1967.

Burckhardt, Jacob: Weltgeschichtliche Betrachtungen. Nach dem Oerischen Text herausgegeben von Werner Kaegi. Bern 1941.

— Historische Fragmente. Aus dem Nachlaß gesammelt von Emil Dürr. Mit einem Vorwort von Werner Kaegi. Stuttgart 1957.

Butterfield, Herbert: Man in History. The Study of the History of Historical Scholarship. Cambridge 1955.

Collingwood, R. G.: The Idea of History. Oxford 1946.

Collotti, Francesco: Lo storicismo contemporaneo. In: X Congresso Internazionale di Scienze Storiche, I. Firenze 1955.

Croce, Benedetto: Zur Theorie und Geschichte der Historiographie. Aus dem Italienischen übersetzt von Enrico Pizzo. Tübingen 1915.

— Die Geschichte als Gedanke und als Tat. Übersetzt von François Bondy. Einführung von Hans Barth. Bern 1944.

Dilthey, Wilhelm, und Graf Paul v. *Wartenburg:* Briefwechsel 1877—1897. Halle 1923.

Diwald, Hellmut: Das historische Erkennen. Untersuchungen zum Geschichtsrealismus im 19. Jahrhundert. Leiden 1955.

Droysen, Johann Gustav: Historik. Vorlesungen über Enzyklopädie und Methodologie der Geschichte. Herausgegeben von Rudolf Hübner. 3. Aufl. München 1958.

Dufour, Alain: Histoire politique et Psychologie historique. Genève 1966.

Gadamer, Hans-Georg: Die Kontinuität der Geschichte und der Augenblick der Existenz. In: Geschichte — Element der Zukunft. Tübingen 1965.

Heimpel, Hermann: Der Mensch in seiner Gegenwart. Sieben historische Essays. Göttingen 1954.

— Kapitulation vor der Geschichte? Gedanken zur Zeit. Göttingen 1956.

Heuss, Alfred: Verlust der Geschichte. Göttingen 1959.

Huizinga, Johan: Im Bann der Geschichte. 2. Aufl. Zürich-Brüssel 1942.
— Der Mensch und die Kultur. In: Parerga. Amsterdam 1945.
Jaspers, Karl: Vom Ursprung und Ziel der Geschichte. Zürich 1949.
Kirn, Paul: Das Bild des Menschen in der Geschichtschreibung von Polybios bis Ranke. Göttingen 1955.
Krüger, Gerhard: Die Geschichte im Denken der Gegenwart. Wissenschaft und Gegenwart, 16. Frankfurt 1947.
Kühn, Herbert: Persönlichkeit und Gemeinschaft. Erfahrung und Denken, 3. Berlin-München 1959.
Löwith, Karl: Meaning in History. Chicago 1949.
— Weltgeschichte und Heilsgeschehen. 3. Aufl. Stuttgart 1955.
Marrou, Henri-Irénée: De la connaissance historique. 3. Aufl. Paris 1958.
Marrou, Henri-Irénée u. a.: L'Histoire et ses méthodes. Encyclopédie de la Pléiade. Paris 1961.
Meinecke, Friedrich: Zur Theorie und Philosophie der Geschichte. Werke, 4. Herausgegeben von Eberhard Kessel. 2. Aufl. Stuttgart 1965.
Ritter, Gerhard: Vom sittlichen Problem der Macht. 2. Aufl. Bern 1961.
Romein, Jan: Die Biographie. Einführung in ihre Geschichte und ihre Probleme. Bern 1948.
Rothacker, Erich: Mensch und Geschichte. Studien zur Anthropologie und Wissenschaftsgeschichte. Bonn 1950.
Schefer, Alfred: Das Sein und die Geschichte. Diss. Zürich. Winterthur 1961.
Schieder, Theodor: Begegnungen mit der Geschichte. Göttingen 1962.
— Geschichte als Wissenschaft. Eine Einführung. München-Wien 1965.
Tillich, Paul: Das Dämonische. Ein Beitrag zur Sinndeutung der Geschichte. Tübingen 1926.
Troeltsch, Ernst: Der Historismus und seine Probleme. Gesammelte Schriften, 3. Tübingen 1922.
Wach, Joachim: Das Verstehen. Grundzüge einer Geschichte der hermeneutischen Theorie im 19. Jahrhundert, III: Das Verstehen in der Historik von Ranke bis zum Positivismus. Tübingen 1933.
Wagner, Fritz: Moderne Geschichtschreibung. Ausblick auf eine Philosophie der Geschichtswissenschaft. Erfahrung und Denken, 4. Berlin-München 1960.
— Der Historiker und die Weltgeschichte. Freiburg-München 1965.
Wittram, Reinhard: Das Interesse an der Geschichte. Zwölf Vorlesungen über Fragen des zeitgenössischen Geschichtsverständnisses. Göttingen 1958.
— Zukunft in der Geschichte. Zu Grenzfragen der Geschichtswissenschaft und Theologie. Göttingen 1966.

Printed by Libri Plureos GmbH
in Hamburg, Germany